아동 한국무용 교수법

도서출판 좋은이웃

우리말 법화경 사경 제7권

姚秦三藏法師鳩摩羅什奉詔譯
(요진삼장법사구마라집봉조역)

제24 묘음보살품 12
제25 관세음보살보문품 43
제26 다라니품 77
제27 묘장엄왕본사품 96
제28 보현보살권발품 124
부록 우리말 법화경 약찬게 150

우리말 법화경 사경노트를 내면서

법화경은 교상판석의 분류를 통해 보면 그 교리적 위치를 확연히 알 수 있습니다. 사실 교상판석을 통해 보지 않더라도 우리 불자들에게 널리 읽히는 것만 보더라도 얼마나 중요하고 대단한 경인지 알 수 있습니다.

법화경이 이렇게 중요한 것은 법화경에 부처님의 대단한 메시지가 들어있기 때문입니다.

그렇다면 어떤 메시지가 있는가?
첫째, 삶의 자신감을 가져다줍니다.
법화경에는 많은 수기 이야기가 나옵니다. 심지어 여러 방법으로 부처님을 해하려고 했던 제바달다에게조차 부처님께서는 '과거 인연공덕으로 너도 훗날 부처가 될 것이다' 라고 말씀하십니다. 그래서 법화경은 우리에게 희망의 메시지를 주는 경인 것입니다.

둘째, 이 법화경은 공간에서의 평화를 제공합니다.
법화경을 통일원리, 개권현실경이기 때문에 이 경전을 통해 가정이든 사회든 사람 사는 어느 곳이든지 모두 평화를 주는 그런 힘을 가진 경입니다.

셋째, 영원한 생명력을 깨닫게 해줍니다.

영원한 생명력이신 부처님의 그 영원한 법신, 본래 부처님 본불(本佛) 사상이 다 드러나 있기 때문에 우리에게 영원한 생명력이 무엇인지 그것을 깨닫게 해줍니다.

넷째, 제 25품 관세음보살보문품과 같이 부처님의 불가사의한 힘을 우리에게 나타내면서 바라는 바를 성취시켜줍니다.

다시 요약하여 말씀드리면 이 법화경의 힘, 법화경이 가지고 있는 그 공덕, 법화경이 담고 있는 메시지의 힘은 네 가지입니다.

첫째, 삶의 자신감을 준다.
둘째, 공간에서의 평화를 제공해 준다.
셋째, 영원한 생명력을 깨닫게 해준다.
넷째, 바라는 바를 성취시켜 준다.

영국의 유명한 역사학자 아놀드 토인비가 1975년 마지막 강의를 하면서 다음과 같은 질문을 받았습니다.
"20세기 가장 큰 사건이 무엇이라고 생각하십니까?"
아놀드 토인비가 말했습니다.
"동양의 불교가 서양에 전래된 것입니다. 세계 평화를 가져다 줄 종교는 불교밖에 없기 때문입니다."

그만큼 불교가 유럽에 소개된 것은 큰 사건이었습니다. 그리고 토인비가 말했습니다.

"제가 여러분께 권하는 10가지 책이 있습니다. 그 중에서 불교경전인 『법화경』을 꼭 읽어보시기 바랍니다."

법화경은 토인비의 말대로 평화의 메시지, 평화의 힘이 있는 경전입니다. 우리는 모두 평화를 갈구하며 살고 있지 않습니까? 가정에서나 사회에서나 인간관계에 있어서 평화만큼 좋은 것이 없습니다. 바로 이 법화경에 그 평화의 메시지가 것들이 있다는 말입니다. 공부하시다보면 왜 그러한지 알게 되실 것입니다.

그래서 옛사람들은 '용을 그리고도 용의 눈을 그리지 못하면 용을 그리지 못한 것처럼 많은 불교경전을 공부하였어도 법화경을 공부하지 않았다면 불교공부를 다하지 못한 것과 같다' 라고 말하였습니다. 즉, 모든 불교경전의 결론을 내는 공부가 바로 법화경입니다. 그만큼 중요한 경전을 우리가 현재 만나고 있는 것입니다.

無一 우학 스님의 〈법화경〉 강의 중에서

- 도서출판 좋은인연 편집부 -

사경의 의의

사경이란 경전 말씀을 따라 쓰거나 옮겨 쓰는 붓으로 기도 수행의 한 방편입니다. 사경은 스스로 마음을 맑혀가는 거룩한 자기 불사(佛事)입니다. 이렇게 사경한 종이는 탑 등에 봉안되느데 불국사 석가탑에 모셔져 있다가 얼마전 세간에 알려진 무구정광 대다라니가 그 대표적 예입니다.

사경의 공덕

깨끗하고 맑은 마음으로 부처님의 원음(圓音)을 옮겨쓰는 불자는 이미 윤회의 고통을 벗어나 있습니다. 정성다해 사경하는 이에게는 불보살님의 가피와 위신력이 있어 일체 모든 장애는 사라지고 기쁨이 늘 충만한 삶이 전개될 것입니다.

— 사경의 공덕이 탑을 조성하는 것보다 수승하다(도행반야경 탑품).
— 만약 어떤 사람이 경전을 사경, 수지, 해설하면 대업을 성취한다(법화경 법사공덕품).
— 무수한 세월 동안 물질로 보시한 공덕보다 경전을 사경, 수지, 독송하여 다른 이를 위해 해설한 공덕이 수승하다(금강경 지경공덕분).

사경 순서

1. 몸을 청정히 한다.
2. 부처님 사진 등을 모시고 향을 피운다.
3. 예불을 올린다.
4. 사경 발원문을 독송한다.
5. 정성껏 사경에 들어간다.
6. 사경 회향문을 읽고 부처님 전에 심배한다.

사경발원문

사경제자 _____

사경시작 _____년 _____월 _____일

　　　　　 한장 _____년 _____월 _____일

불교 교리는 망망대해를 향해하는데 있어서 나침반과 같은 역할을 합니다.

만일 교리를 모르고 맹목적으로 기도만 하게 되면 맹신에 빠지기가 쉽고 그렇게 되면 잘못된 짓도 모른 채 옳고 그릇된 길을 걷게 되는 수가 많습니다.

그러나 교리를 많이 알고 있다 하더라도 기도 참선하는 정진력이 없다면 그것은 한낱 지식에 불과합니다. 알기만 하고 정진하는 힘이 없으면 근본적으로 자기 인생을 바꾸는데 큰 도움은 되지 않습니다.

그러므로 교리공부와 기도는 늘 함께 닦아 가야하는 것입니다.

無一 우학 스님의
〈법문 속의 명구〉 중에서

第二十四 妙音菩薩品

爾時 釋迦牟尼佛 放 大人相肉髻光明 及放眉間白毫相
光 遍照東方 百八萬億 那由他 恒河沙等 諸佛世界 過
是數已 有 世界 名 淨光莊嚴 其國 有佛 號 淨華宿王智

그때 석가모니 부처님께서 대
인상의 육계와 미간의 백호상에
서 광명을 놓으시며 동방으로 일
백팔만억 나유타 항하사 같은 부
처님 세계를 비추셨다.

이 수만큼의 세계를 지나서 정광
장엄이라는 세계가 있었으며, 그
세계에 부처님께서 계셨으니, 명
호는 정화수왕지여래 · 응 · 정
제이삼사 묘음보살품

제이십사 묘음보살품

뭇지·명행족·선서·세간해·무상사·조어장부·천인사·불세존이시다. 한량없고 가없는 보살 중에게 둘러싸여 공경받으시며 설법을 하시고 계셨다. 석가모니 부처님의 백호광명이 그 세계를 두루 비추었다.

그때 일체정광장엄세계에 모음이라는 보살이 있었다. 그는 오랜 옛날부터 온갖 덕의 근본을 심었으며, 한량없는 부처님에게

如來 應供 正遍知 明行足 善逝 世間解 無上士 調御丈夫 天人師 佛世尊 爲無量無邊菩薩大衆 恭敬圍繞 而爲說法 釋迦牟尼佛 白毫光明 遍照其國 爾時 一切淨光莊嚴國中 有一菩薩 名曰妙音 久已植衆德本 供養親近無量百千萬億諸佛

들을 취소하고 공덕을 공양하여 매우 깊은 지혜를 모두 이루었으며, 온갖 삼매와 중 가장 으뜸가는 묘당상삼매와 체법실상에 통달하는 법화 삼매와 마음이 청정하여 어디에도 물들지 않는 청덕삼매와 지혜가 자재하여 아무것에도 집착하지 않는 수왕희삼매와 대상을 취함이 없는 무연삼매와 늘 고요한 지인삼매와 일체 중생의 언어를 다 이해하는 해일체중생어언삼매인

而悉成就 甚深智慧 得妙幢相三昧 法華三昧 淨德三昧 宿王戲三昧 無緣三昧 智印三昧 解一切衆生語言三昧

매와 온갖 공덕을 두루 갖추는 집
일체공덕삼매와 번뇌가 일어나지
않는 청정삼매와 신통변화가 자
유자재한 신통유희삼매와 어리석
음을 깨뜨리는 혜거삼매와 모험
을 거두어들이는 장엄왕삼매와
미묘한 지혜를 얻는 정광명삼매
와 법안을 얻는 정장삼매와 있을
수 없는 불공삼매와 이
때를 두루 비추는 일선삼매와 등
이와 같은 백천만억항하사 같은

集一切功德三昧 清淨三昧 神通遊戱三昧 慧炬三昧 莊
嚴王三昧 淨光明三昧 淨藏三昧 不共三昧 日旋三昧 得
如是等百千萬億恒河沙等

삼매들을 얻었다.

석가모니 부처님의 광명이 그 몸을 비추자 즉시 정화수왕지 부처님께 말씀드렸다.

"세존이시여! 제가 사바세계로 가서 석가모니 부처님을 직접 뵙고 예배하고 공양하겠으며, 또 문수사리법왕자보살과 약왕보살과 용시보살과 수왕화보살과 용시보살과 수왕화보살과 산행이 보살과 장엄왕보살과 약상보살을 만나 보고 오겠습니다."

諸大三昧 釋迦牟尼佛 光照其身 卽白淨華宿王智佛言
世尊 我當往詣 娑婆世界 禮拜親近 釋迦牟尼佛
及見 文殊師利法王子菩薩 藥王菩薩 勇施菩薩 宿王華
菩薩 上行意菩薩 莊嚴王菩薩 藥上菩薩

그리자 정화수왕지 부처님께서 묘음보살에게 말씀하였다.

"그대는 저 나라를 가볍게 보고 낮잡은 생각을 하지 말아라. 선남자야! 저 사바세계는 높고 낮은 곳과 산과 더러운 것들로 가득하며, 부처님의 몸도 보잘것없이 작으며 보살 대중들의 몸 역시 작은데, 너의 몸은 사만이천 유순이고 나의 몸은 육백팔십

爾時 淨華宿王智佛 告 妙音菩薩 汝 莫輕彼國 生 下劣想 善男子 彼 娑婆世界 高下不平 土石諸山 穢惡充滿 佛身 卑小 諸菩薩衆 其形 亦小 而汝身 四萬二千由旬 我身 六百八十萬由旬

만 우주순이며 너의 몸은 매우 단정하고 백천만의 복과 덕의 광명이 떠나 네게 신비하지 않느냐? 그러므로 가더라도 저 국토를 가볍게 여기거나 부처님과 보살들과 국토에 대하여 보잘것없다는 생각을 내지 말아라."

모든 보살이 정화수왕지 부처님께 말씀드렸다.

"세존이시여! 제가 지금 사바세계로 갈 수 있는 것은 모두 다 여

汝身第一端正 百千萬福光明 殊妙 汝往 莫輕彼
國 若佛菩薩 及國土 生下劣想 妙音菩薩 白其佛言 世
尊 我今詣娑婆世界 皆是如來之力

래의 힘이며, 여래의 신통스럽고
자유자재한 활동이며 지혜로 장
엄한 여래의 공덕입니다."

그리고 자리에서 일어나지 않
고 몸을 움직이지도 않은 채 삼매
에 들어가 삼매의 힘으로 가사를
산으로 가서 법좌에서 멀지 않은
곳에 팔만사천 가지의 보배로 연
꽃을 변화로써 만드니, 줄기는 염
부단금이고 잎은 백은이며 꽃술
은 다이아몬드이고 그 받침은 진

如來神通遊戲 如來功德 智慧莊嚴 於是 妙音菩薩 不起
于座 身不動搖 而入三昧 以三昧力 於耆闍崛山 去法
座不遠 化作八萬四千 眾寶蓮華 閻浮檀金 為莖 白銀
為葉 金剛 為鬚

수가 보였다. 그때 문수사리 법왕자가 이 연꽃을 보고 부처님께 말씀드렸다.

"세존이시여! 이것은 어떠한 인연이며, 왜 이러한 상서가 먼저 나타납니까? 천만 가지의 연꽃이 들고 일어납부다듬이고, 잎은 백 유순이며, 줄기는 다이아몬드이고, 그 받침은 전수가보입니다."

석가모니 부처님께서 문수사리에게 말씀하셨다.

爾時 甄叔迦寶 以為其臺 爾時 文殊師利法王子 見是蓮華 而白佛言 世尊 是何因緣 先現此瑞 有若千萬蓮華 閻浮檀金 為莖 白銀 為葉 金剛 為鬚 甄叔迦寶 以為其臺 爾時 釋迦牟尼佛 告 文殊師利

"이것은 모음보살마하살이 정화수왕지 부처님 나라에서 나를 친견하고 이 사바세계에 와서는 나를 공양하고 친근히 예배하려는 것이며, 또 법화경을 공양하고 들으려 하는 것이니라."

문수사리보살이 부처님께 말씀드렸다.

"세존이시여! 이 보살은 어떤 선의 근본을 심었으며, 어떤 공

是 妙音菩薩摩訶薩 欲從淨華宿王智佛國 與八萬四千菩薩 圍繞而來 至此娑婆世界 供養親近 禮拜於我 亦欲供養聽法華經 文殊師利白佛言 世尊 是菩薩 種何善本

을 닦아서 이러한 큰 신통력이 있으며, 어떤 삼매를 행합니까? 원하옵건대 저희들을 위하여 이 삼매의 이름을 말씀해 주십시오. 저희들이 이름을 부지런히 수행하고 싶습니다.

이 삼매를 행하여야 이 보살의 모습이 혹시, 작으면서 나아가고 머무는 위엄을 볼 수 있을 것입니다. 오직 원하옵건대, 세존이시여! 신통력으로 저 보살이 오는 것

修何功德 而能有是 大神通力 行何三昧 願爲我等 說是
三昧名字 我等 亦欲勤修行之 行此三昧 乃能見是菩薩
色相大小 威儀進止 唯願世尊 以神通力

彼菩薩來 令我得見 爾時 釋迦牟尼佛 告文殊師利 此菩薩 久滅度 多寶如來當爲汝等 而現其相 時 多寶佛 告彼菩薩 善男子來 文殊師利法王子 欲見汝身

"을 저희들도 볼 수 있게 하여 주십시오."

석가모니 부처님께서 문수사리에게 말씀하셨다.

"열반하신 지 오래 된 다보여래께서 너희들을 위하여 그 모습을 볼 수 있게 하실 것이니라."

다보 부처님이 모습을 보이실에게 말씀하셨다.

"선남자야! 어서 오너라. 문수사리 법왕자가 너의 몸을 보고 싶

하느니라."

이때 묘음보살이 그 나라를 떠나서 팔만사천의 보살과 함께 이곳으로 오는데, 지나오는 나라마다 여섯 가지로 진동을 하고 나타마다 칠보로 된 연꽃이 비오듯 내리고 백천의 하늘 음악들이 두드리지 않았는데 저절로 울려 퍼졌다.

이 보살은 눈이 넓고 커서 푸른 연꽃잎 같았으며 정작 백천만의

爾時妙音菩薩 於 彼國沒 與 八萬四千菩薩 俱共發來 所經諸國 六種震動 皆悉雨於七寶蓮華 百千天樂 不鼓 自鳴 是菩薩目如廣大 青蓮華葉

달을 합한 것보다 그의 얼굴 모습
이 더 단정하였으며, 몸은 순금색
이었는데 한량없는 백천의 공덕
으로 장엄하였으며 위엄과 덕망
이 대단하였으며, 광명이 밝게 빛
나며 모든 모습을 두루 갖추어
나라연의 견고한 몸을 얻었다.
칠보로 된 자리에 들어가 허공
에 오르니, 땅에서 칠다라수나무
있는데 보살들에게 둘러싸이어
경을 받았다. 이 사바세계의 가사

正使和合 百千萬億 其面貌端正 復過於此 身真金色 無
量百千功德 莊嚴 威德熾盛 光明照曜 諸相具足 如那
羅延堅固之身 入七寶臺 上昇虛空 去地七多羅樹 諸
菩薩衆 恭敬圍繞 而來詣此 娑婆世界

울신에 이르러서는 칠보로 된 지
리에서 내려와 백천이나 가지가
되는 영락을 가지고 석가모니 부
처님의 처소에 이르러 머리를 조
아려 예배하고 영락을 받들어 올
리며 부처님께 말씀드렸다.

"세존이시여! 정화수왕지 부처
님께서 세존께 문안을 여쭈셨습
니다.
 조그마한 병도 없으시고 번거
로움도 적으시고 지내시기도 편

者闍崛山 到已 下 七寶臺 以價値百千瓔珞 持至釋迦牟
尼佛所 頭面禮足 奉上瓔珞 而白佛言 世尊 淨華宿王智
佛問訊世尊 少病少惱

우리말 법화경 사경 첫 제출 26

제이십사 묘음보살품

안하고 즐거우시며 몸도 건강하십니까? 세상의 일은 참으실 만하십니까? 중생들을 제도하시기 도 쉬우십니까? 중생들이 지나친 욕심과 성냄과 어리석음과 질투와 인색함과 교만함은 많지 않으니까? 부모께 효도하지 않거나 사문을 공경하지 않거나 그릇된 생각과 착하지 못한 마음은 없으며 오정을 거두어 들였습니까? 세존이시여! 중생들이 마주

起居輕利 安樂行不 四大調和不 世事可忍不 衆生易度
不無多貪恚欲瞋恚愚癡 嫉妬慳慢不 無 不孝父母 不敬
沙門邪見不善心不攝五情不 世尊 衆生

들과 원수들을 항복시키겠습니까?

열반하신 지 오래된 다보여래께

서 칠보탑에 계시면서 법을 들

으러 오셨습니까?'

또 다보여래께서도 문안하시기

를 '별로 괴로움이 없으신지, 편안하

신지, 오래 참고 계실만하신지를

여쭈었습니다. 세존이시여! 다보

부처님도 뵙고 싶습니다. 오직 원

하옵건대 세존께서는 제가 볼 수

있도록 해주십시오."

能降伏諸魔怨 能不久滅度 多寶如來在 七寶塔中 來聽法 不又問訊多寶如來 安隱少惱 堪忍久住不 我今 欲見多寶佛身 唯願世尊 示我令見

이때 석가모니 부처님께서 다보부처님께

"이 묘음보살이 뵙고자 합니다."

하니 다보 부처님이 묘음보살에게 말씀하셨다.

"착하고도 착하도다. 그대가 석가모니 부처님을 공양하고, 법화경을 듣고, 문수사리들을 비롯한 보살들을 보려고 이곳으로 왔구나."

爾時 釋迦牟尼佛 語多寶佛 是妙音菩薩 欲得相見 時
多寶佛 告 妙音言 善哉善哉 汝能爲 供養釋迦牟尼佛
及聽法華經 拜見文殊師利等 故來至此

그때 화덕보살이 부처님께 말씀드렸다.

"세존이시여 이 묘음보살은 어떤 선근을 심었으며, 어떤 공덕을 닦아 이런 신통력이 있습니까?"

부처님께서 화덕보살에게 말씀하셨다.

"과거에 부처님께서 계셨으니 명호는 운뢰음왕·다타아가도·아라하·삼먁삼불타였으며 나라 이름은 현일체세간이고 겁의

爾時 華德菩薩 白佛言 世尊 是妙音菩薩 修何功德 有是神力 佛告華德菩薩 過去 有佛 名 雲雷音王 多陀阿伽度阿羅訶三藐三佛陀 國名 現一切世間

이름은 희견이었느니라. 묘음보살이 일만이천 년 동안 십만 가지 음악으로 운뢰음왕 부처님을 공양하였으며, 팔만사천의 칠보 발우를 받들어 올렸느니라. 이런 인연의 과보로 지금 정화수왕지 부처님 나라에 태어났으며 이런 신통력이 있느니라.

화덕보살아! 너의 생각은 어떠하냐? 그때의 묘음보살로서 운뢰음왕 부처님의 공양하고 제석 천에 묘음
劫名喜見 妙音菩薩 於萬二千歲 以十萬種伎樂 供養雲雷音王佛 幷奉上八萬四千七寶鉢 以是因緣果報 今生淨華宿王智佛國 有是神力 華德 於汝意云何 爾時雲雷音王佛所

妙音菩薩 伎樂供養 奉上寶器者 今此妙音菩薩 豈異人乎 妙音菩薩 已曾供養親近 無量諸佛 久植德本 又值恆河沙等 百千萬億 那由他佛 華德 汝但見 妙音菩薩 其身在此

아으로 공양하고 보배 그릇을 받들어 올린 자가 어찌 다른 사람이겠느냐. 지금의 이 묘음보살마하살은 여기에만 있다고 보살은 몸이 여기에만 있다고 생각하지 마라. 한량없는 부처님을 오래도록 보며, 심었으며, 항하의 모래 수같이 많은 백천만억 나유타 부처님을 가까이 공양하고 많은 공덕을 심었느니라. 이 묘음보살은 한량보살이니라.

우리말 법화경 사경 견 해설

관하지만, 이 보살은 곳곳에서 가지가지의 몸으로 중생들을 위하여 이 경전을 설하느니라. 때로는 범천왕의 몸으로 나타나며, 때로는 제석천왕의 몸으로 나타나며, 때로는 자재천의 몸으로 나타나며, 때로는 대자재천의 몸으로 나타나며, 때로는 천대장군의 몸으로 나타나며, 때로는 비사문천왕의 몸으로 나타나며, 때로는 전륜성왕의 몸으로 나타나며, 때로는

而是菩薩 現 種種身 處處 爲諸衆生 說是經典 或現梵王身 或現帝釋身 或現自在天身 或現大自在天身 或現天大將軍身 或現毘沙門天王身 或現轉輪聖王身

여러 諸小王身 或現長者身 或現居士身 或現宰官身 或現
소왕의 몸으로 나타나며, 諸婆羅門身 或現比丘比丘尼 優婆塞 優婆夷身 或現長
때는 장자의 몸으로 나타나며, 者居士婦女身 或現宰官婦女身 或現婆羅門婦女身
때는 거사의 몸으로 나타나며,
때는 관리의 몸으로 나타나며,
때로 바라문의 몸으로 나타나며,
때로는 비구, 비구니, 우바새
바이의 몸으로 나타나며, 때로는
장자와 거사의 부인의 몸
타나며, 때로는 관리의 부인의 몸
으로 나타나며, 때로는 바라문의
부인의 몸으로 나타나며, 때로는

어떤 소네이나 소녀의 몸으로나
타나며, 배로는 천, 용, 야차, 건
달바, 아수라, 가루라, 긴나라, 마
후라가 등 사람과 사람 아닌 이들
의 몸으로 나타나이 경을 설하며,
이 몸으로 아려와 축생과 아귀
모양 많은 곳에서 모두를 구제하
며, 왕의 후궁에서 여자의 몸으로
변하기까지 하며 이 경을 설하느
니라.
한단 보살이이 묘음보살은 사

或現童男童女身 或現天龍夜叉 乾闥婆
緊那羅 摩睺羅伽 人非人等身 而說是經 諸有地獄餓鬼
畜生 及衆難處 皆能救濟 乃至於王後宮 變爲女身 而
說是經 華德 是妙音菩薩
阿修羅 迦樓羅

바세계의 모든 중생을 구제하고
보응하는 자이니라. 이 묘음보살
이와 같은 갖가지의 몸으로 변
하며 나타나, 이 사바세계의 중
생을 위하여 이 경을 설하지만
신통하여 지혜에 줄어듦이 없
느니라. 이 보살은 약간의 지혜로
사바세계를 밝게 비추어 일체
중생으로 하여금 각각 알게 하며
밝히 항하사 같은 세계에서도 역
시 이와 같이 하느니라.

能救護娑婆世界 諸衆生者 是 妙音菩薩 如是種種 變
化現身 在此娑婆國土 爲諸衆生 說是經典 於神通變化
智慧 無所損減 是菩薩 以若干智慧 明照娑婆世界 令
一切衆生 各得所知 於十方恒河沙世界中 亦復如是

若應以聲聞形 得度者 現 聲聞形 而爲說法 應以辟支佛形得度者 現辟支佛形 而爲說法 應以菩薩形得度者 現菩薩形 而爲說法 應以佛形 得度者 卽現佛形 而爲說法

성문의 모습으로 제도하여야 할 사람에게는 성문의 모습으로 나타나 설법을 하고, 벽지불의 모습으로 제도하여야 할 사람에게는 벽지불의 모습으로 나타나 설법을 하고, 보살의 모습으로 제도하여야 할 사람에게는 보살의 모습으로 나타나 설법을 하며, 부처의 모습으로 제도하여야 할 사람에게는 부처님의 모습으로 나타나 설법을 합니다.

이와 같이 제도하여야 할 사람에 따라 모습을 나타내며, 열반으로 제도하여야 할 사람에게는 열반을 나타내 보이기도 하느니라. 화덕보살아, 묘음보살마하살은 이 신통력과 지혜의 힘을 성취하였느니라. 그러자 화덕보살이 부처님께 말씀드렸다.

"세존이시여! 이 묘음보살은

如是種種隨所應度者 而爲現形 乃至應以滅度 而得度者 示現滅度 華德 妙音菩薩摩訶薩 成就大神通 智慧之力 其事如是 爾時華德菩薩白佛言 世尊 是妙音菩薩

深種善根 世尊 是菩薩 住何三昧 而能如是 在所變現
度脫眾生 佛告華德菩薩 善男子 其三昧名 現一切色身
妙音菩薩 住是三昧中 能如是饒益無量眾生

깊이 선근을 심었나이다. 세존이여! 이 보살은 어떤 삼매에 머무르기에 이와 같이 있는 곳마다 변화하여 나타나 중생들을 제도하며 해탈하게 합니까?"

부처님께서 화덕보살에게 말씀하셨다.

"선남자야! 그 삼매의 이름은 일체색신이다. 묘음보살이 이와 같은 삼매에 머무르기에 이와 같은 한량없는 중생들을 이롭게 할 수 있느니라."

說是妙音菩薩品時 與 妙音菩薩俱來者 八萬四千人 皆得 現一切色身三昧 爾時 此娑婆世界 無量菩薩 亦得是三昧 及陀羅尼 妙音菩薩摩訶薩 供養釋迦牟尼佛 及 多寶佛塔已 還歸本土 所經諸國 六種震動 雨 寶蓮華

"느니라."

이 묘음보살품을 설하실 때 묘음보살과 함께 온 팔만사천 인이 모두 현일체색신삼매를 얻었고, 이 사바세계의 한량없는 보살들도 이 삼매와 다라니를 얻었다.

그때 묘음보살마하살이 석가모니 부처님과 다보 부처님을 공양하고, 본국으로 다시 돌아가니, 지나가는 나라마다 여섯 가지로 진동을 하고 보배 연꽃이 비

오뭇 내려오고 백천만억의 갖가지 음악이 울려왔다.

보구이 이르러서는 말만 시치의

보살들에게 둘러싸여 정활수없지

부처님이 계서는 곳으로 가서 부처님께 말씀드렸다.

"세존이시여! 제가 사바세계에 가서 중생들을 이롭게 하였으며, 석가모니 부처님과 다보 부처님 탑을 찾아 뵈었으며, 예배하고 공양하였습니다. 또 문수사리 법

作 百千萬億 種種伎樂 紙到本國 與 八萬四千菩薩 圍繞 至淨華宿王智佛所 白佛言 世尊 我到娑婆世界 饒益 衆生 見 釋迦牟尼佛 及見 多寶佛塔 禮拜供養 又見 文殊師利法王子菩薩

왕자 보살을 만나 보았으며, 약왕
보살과 득근정진력보살과 용시보
살 등도 보았으며, 모이 팔만사천
의 보살들에게 현일체색신삼매를
얻게 하였습니다."

이 묘음보살이 묘음보살품을 설할
때
사만이천의 천자는 무생법인을
얻고 화덕보살은 법화삼매를 얻고
있다.

제이십사 묘음보살품 終

及見藥王菩薩 得勤精進力菩薩 勇施菩薩 亦令是八
萬四千菩薩 得現一切色身三昧 說是妙音菩薩來往品時
四萬二千天子 得無生法忍 華德菩薩 得法華三昧

第二十四 妙音菩薩品 終

제이십오 관세음보살보문품

제이십오 관세음보살보문품

그때 무진의보살이 자리에서 일어나 오른쪽 어깨를 드러내고 합장하며 부처님께 말씀드렸다.

"세존이시여, 관세음보살은 어떤 인연으로 관세음이라 이름합니까?"

부처님께서 무진의보살에게 말씀하셨다.

"선남자야!

第二十五 觀世音菩薩普門品

爾時 無盡意菩薩 卽從座起 偏袒右肩 合掌向佛 而作是言 世尊 觀世音菩薩 以何因緣 名 觀世音 佛告無盡意菩薩 善男子

만일 한량없는 백천만억 중생이 온갖 괴로움을 받을 적에 관세음보살이라는 이름을 듣고 일심으로 그 이름을 부르면, 관세음보살이 즉시 그 소리를 듣고 살피어서 모두 그곳에서 해탈을 얻게 하느니라.

이 관세음보살의 이름을 지니고 있는 사람이 설사 큰 불길 속에 들어가게 되더라도 불이 그 사람을 태우지 못하리니 그것은 보살의 위신력 때문이니라.

若有無量 百千萬億眾生 受諸苦惱 聞是觀世音菩薩 一心稱名 觀世音菩薩 卽時觀其音聲 皆得解脫 若有持是觀世音菩薩名者 設入大火 火不能燒 由是菩薩

제이십오 관세음보살보문품

살의 위신력 때문이니라. 흑 수
에 떠내려가게 되더라도 그의 이
름을 부르면 곧 얕은 곳으로 이르
게되느니라.

만약 어떤 백천만억 중생들이
금, 은, 유리, 자거, 마노, 산호,
호박, 진주 등의 보배를 구하기 위
하여 큰 바다에 들어갔다가 가령
폭풍이 일어나 그들이 탄 배가 나
찰 귀신의 나라로 표류하더라도 그
때 그 가운데 한 사람이라도 관

威神力故 若爲大水所漂 稱其名號 即得淺處 若有百千
萬億衆生 爲求金銀琉璃 硨磲瑪瑙 珊瑚琥珀 真珠等寶
入於大海 假使黑風 吹其船舫 飄墮羅刹鬼國 其中若有
乃至一人

세음보살의 이름을 부르는 사람이 있으면 그 사람들이 모두 다 칼의 해난에서 벗어나게 될 것이니, 이러한 인연으로 관세음이라 이름합니다.

또 어떤 사람이 흉기에 상해를 입게 되었을 때에 관세음보살의 이름을 부르면 해치려던 자들이 가지고 있던 칼과 몽둥이가 산산조각 부러져 위험에서 벗어나게 될 것이며, 삼천대천세계에 가득

稱觀世音菩薩名者 是諸人等 皆得解脫 羅剎之難 以是因緣 名觀世音菩薩 若復有人 臨當被害 稱觀世音菩薩名者 彼所執刀杖 尋段段壞 而得解脫 若三千大千國土

한 야차와 나찰들이 와서 괴롭히
려 하더라도 그 사람이 관세음보
살의 이름을 부르는 소리를 들으
면 악귀들은 모두 독기 서린 눈
으로 쳐다보지 못하는데 하물며
어떻게 해칠 수가 있겠느냐?

어떤 사람이 죄가 있거나 되가
없거나 죄고랑을 차고 칼을 쓰고
묶이었더라도 관세음보살의
이름을 부르면 그것들이 모두
어지고 부서져서 곧 벗어나게 될
것이다.

滿中夜叉羅刹欲來惱人 聞其稱觀世音菩薩名者 是諸
惡鬼 尙不能以惡眼 視之 況復加害 設復有人 若有罪
若無罪 杻械枷鎖 檢繫其身 稱觀世音菩薩名者 皆悉斷
壞卽得解脫

첫이며, 삼천대천세계에 무서운
도적들이 우글거리는데 상인의
두목이 귀중한 보물을 가지
고 상인들과 함께 험한 길을 지나
갈 적에 그 중에 어떤 사람이 말하
기를,
'선남자들이여!
그대들은 두려워하지 말고 오
직 한마음으로 관세음보살의 이
름을 부르십시오. 그러면 이 보살
이 두렵지 않게 하여 주십니다.

若三千大千國土 滿中怨賊 有一商主 將諸商人 齎持重
寶 經過險路 其中一人 作是唱言 諸善男子 勿得恐怖
汝等 應當一心 稱觀世音菩薩名號 是菩薩 能以無畏
施於衆生

그대들이 만일 이 이름을 부르면 이 무서운 도적들로부터 당연히 벗어나게 될 것입니다.' 하여 상인들이 이 말을 듣고 다 함께 소리내어 '나무 관세음보살' 이라고 부르면 20 이름을 까닭에 곧 벗어나게 되느니라.

무진의야!

관세음보살마하살의 위신력이 이와 같이 아마이한 것이니라. 만약 어떤 중생이 음욕이 많으면

汝等 若稱名者 於此怨賊 當得解脫 衆商人 聞 俱發聲言 南無觀世音菩薩 稱其名故 卽得解脫 無盡意 觀世音菩薩摩訶薩 威神之力 巍巍如是 若有衆生 多於淫慾

常念恭敬觀世音菩薩 便得離欲 若多瞋恚 常念恭敬觀世音菩薩 便得離瞋 若多愚癡 常念恭敬觀世音菩薩 便得離癡 無盡意 觀世音菩薩

위와 같이 이의 큰 위신력이 있어 이익을 주느니라. 무진의야!
관세음보살을 공경하고 예배하면 복을 얻어 영원히 없어지지 아니하느니라. 만약 음욕이 많은 이라도 언제나 관세음보살을 공경하면 곧 음욕을 여의게 되며, 성내는 마음이 많아도 언제나 관세음보살을 공경하면 곧 성냄을 여의게 되고, 만약 어리석은 마음이 많아도 언제나 관세음보살을 생각하고 공경하면 곧 어리석음을 여의게 되느니라.

신력이 있어서 이로움을 많이 주느니라. 그러므로 중생들은 언제나 마음으로 관세음보살을 생각하여야 하느니라.

만일 어떤 여인이 아들을 낳기 원하여 관세음보살에게 예배하고 공양하면 곧 복덕과 지혜가 있는 아들을 낳을 것이고, 가령 딸을 낳기 원하다면 단정하고 예쁜 딸을 낳으리니 지나온 여러 생에 심은 선업으로 사람들이 사

有如是等大威神力 多所饒益 是故 衆生 常應心念 若有女人 設欲求男 禮拜供養觀世音菩薩 便生福德智慧之男 設欲求女 便生端正 有相之女 宿植德本

광과 존경을 받을 것이니라.
무진의야!
관세음보살은 이와 같은 힘이
있느니라. 중생들이 괴로움을 당하고
공경하고 예배하면 그 복이 헛
되지 않으므로 중생들은 모두
관세음보살의 이름을 받들어야
하느니라.
무진의야!
만약에 어떤 사람이 있어
항하의 모래 수 같은 보살들의
이름을 받들어야 하느니라.

恭敬 觀世
若有衆生 受持 觀世音菩薩
有如是力 若有衆生 皆應受持 觀世音菩薩
觀世音菩薩 有衆生 是故 衆生 受持六十二億恒河沙菩薩
無盡意菩薩 福不唐捐
衆人愛敬 無盡意 觀世音菩薩 無盡意 若有人 受持六十二億恒河沙菩薩
禮拜 觀世音菩薩 名號
音菩薩 名號

名字 復盡形 供養 飲食衣服 臥具醫藥 於 汝意云何 是
善男子 善女人 功德 多不 無盡意言 甚多 世尊 佛言若
復有人 受持觀世音菩薩名號

름을 받아지니고 몸이 다하도록
음식과 의복과 눕거나 쉴 때에 쓰
는 물건과 의약을 공양한다면
너의 생각은 어떠하냐. 이 선남자
와 선여인의 공덕이 많겠느냐?"

무진의보살이 말하였다.

"대단히 많겠습니다. 세존이시
여!"

부처님께서 말씀하셨다.

"만일 어떤 사람이 관세음 보
살의 이름을 지니고 부를

단 한 때만이라도 예배하고 공양하면, 이 두 사람의 복은 똑같아 차이가 없으며 백천만억 겁이 지나더라도 다함이 없어지지 않느니라.

무진의야! 관세음보살의 이름을 받아지니고 부르면 이와 같은 한량없고 끝없는 복덕의 이로움을 얻게 되느니라."

무진의보살이 부처님께 말씀드렸다.

乃至一時 禮拜供養 是二人福 正等無異 於 百千萬億劫 不可窮盡 無盡意 受持觀世音菩薩名號 得 如是無量無 邊福德之利 無盡意菩薩 白佛言

"세존이시여!

관세음보살은 어떻게 이 사바
세계에 다니시며, 어떻게 중생들
을 위하여 설법하시며, 방편의 힘
은 사실 어떠합니까?"

부처님께서 무진의보살에게 말
씀하셨다.

"선남자야! 만일 어떠한 국토
의 중생으로서, 마땅히 부처님의
몸으로 제도하여 할 이에게는
관세음보살이 곧 부처님의 몸을

世尊 觀世音菩薩 云何遊此娑婆世界 云何而爲 衆生說
法 方便之力 其事云何 佛告無盡意菩薩 若有國
土衆生 應以佛身 得度者 觀世音菩薩 即現佛身

而爲說法 應以辟支佛身 得度者 卽現辟支佛身 而爲說
法 應以聲聞身 得度者 卽現聲聞身 而爲說法 應以梵王
身 得度者 卽現梵王身 而爲說法 應以帝釋身 得度者
卽現帝釋身 而爲說法

나타내어 설법을 하고, 벽지불의 몸으로 제도하여야 할 이에게는 벽지불의 몸을 나타내어 설법을 하며, 성문의 몸으로 제도하여야 할 이에게는 성문의 몸을 나타내어 설법을 하고, 범천왕의 몸으로 제도하여야 할 이에게는 범천왕의 몸을 나타내어 설법을 하며, 제석천왕의 몸으로 제도하여야 할 이에게는 제석천왕의 몸을 나타내어 설법을 하고, 자재천의 몸을

應以大自在天身得度者卽現大自在天身而爲說法 應以天大將軍身得度者卽現天大將軍身而爲說法 應以毘沙門身得度者卽現毘沙門身而爲說法 應以小王身得度者

대자재천의 몸으로 제도하여야 할 이에게는 대자재천의 몸을 나타내어 설법을 하며, 천대장군의 몸으로 제도하여야 할 이에게는 천대장군의 몸을 나타내어 설법을 하고, 비사문의 몸으로 제도하여야 할 이에게는 비사문의 몸을 나타내어 설법을 하며, 소왕의 몸으로 제도하여야 할 이에게는 왕의 몸을 나타내어 설법을 하며, 장자의 몸으로 제도하여야 할 이에게는 장자의 몸을 나타내어 설법을 하고, 거사의 몸으로 제도하여야 할 이에게는 거사의 몸을 나타내어 설법을 하며, 관리의 몸으로 제도하여야 할 이에게는 관리의 몸을 나타내어 설법을 하고, 바라문의 몸으로 제도하여야 할 이에게는 바라문의 몸을 나타내어 설법을 하며, 비구나 비구니나 우바새나

卽現小王身 而爲說法 應以長者身 得度者 卽現長者身 而爲說法 應以居士身 得度者 卽現居士身 而爲說法 應以宰官身 得度者 卽現宰官身 而爲說法 應以婆羅門身 得度者 卽現婆羅門身 而爲說法 應以比丘比丘尼

우바새 우바이의 몸으로 제도하여야 할 이에게는 비구 비구니 우바새나 우바이의 몸을 나타내어 설법을 하고, 장자나 거사나 재상이나 바라문들의 부녀의 몸으로 제도하여야 할 이에게는 곧 그들의 부녀의 몸을 나타내어 설법을 하며, 동남 동녀의 몸으로 제도하여야 할 이에게는 소년이나 소녀의 몸을 나타내어 설법을 하고, 천 용 야차 건달바나 아수라나

優婆塞 優婆夷身 得度者 卽現比丘比丘尼 優婆塞優婆夷身 而爲說法 應以長者居士宰官婆羅門婦女身 得度者 卽現長者居士宰官婆羅門婦女身 而爲說法 應以童男童女身 得度者 卽現童男童女身 而爲說法 應以天龍夜叉乾闥婆

수라나 가루라나 긴나라나 마후라가 등 사람과 사람 아닌 이들의 몸으로 제도하여야 할 이에게는 모두 그들의 몸을 나타내어 설법하며, 집금강신의 몸으로 제도하여야 할 이에게는 곧 집금강신의 몸을 나타내어 설법을 하느니라.

무진의야!

관세음보살은 이러한 공덕을 성취하였으므로 여러 가지 형상

阿修羅 迦樓羅 緊那羅 摩睺羅伽 人非人等身 得度者
卽皆現之 而爲說法 應以執金剛身 得度者 卽現執金剛
身 而爲說法 無盡意 是觀世音菩薩 成就如是功德

以種種形 遊諸國土 度脫眾生 是故 汝等 應當一心 供養觀世音菩薩 是觀世音菩薩摩訶薩 於 怖畏急難之中 能施無畏 是故 此 娑婆世界 皆號之為施無畏者

으로 모든 국토를 다니면서 중생을들을 제도하여 해탈하게 하느니라. 그러므로 너희들은 마땅히 일심으로 관세음보살을 공양하여라.

이 관세음보살마하살은 두렵고 무섭고 어렵고 어려운 가운데서 두려움을 없애주므로 이 사바세계에서는 모두 관세음보살님을 불러 '두려움을 없애 주시는 분' 이라고 하느니라."

무진의보살이 부처님께 말씀드렸다.

"세존이시여! 제가 지금 관세음보살님에게 공양을 올리겠습니다."

그리고 곧 목에 걸었던 백천량이 금값쯤이나 되는 온갖 보배구슬과 영락을 풀어 받들어 올리고 관세음보살님께 말씀을 여쭈었다.

"어지신 분이시여! 법 보시를 하는 저의 보배와 영락을 받으소서."

無盡意菩薩 白佛言 世尊 我今 當 供養 觀世音菩薩 卽
解頸眾寶珠瓔珞 價值百千兩金 而以與之 說是言 仁者
受此法施 珍寶瓔珞

시오."

이때 관세음보살이 거절이라도 하려는 듯이 말하였다.

"어찌 공양하시어! 제가 이 영락을 받을 수가 없습니다."

그때 부처님께서 관세음보살에게 말씀하였다.

"마땅히 이 무진의 보살과 사부대중과 천 용 야차와 건달바

時 觀世音菩薩 不肯受之 復白觀世音菩薩言 仁
者 愍我等故 受此瓔珞 爾時 佛告觀世音菩薩 當愍此
無盡意菩薩 及四衆天龍夜叉乾闥婆

와 아수라와 가루라와 긴나라와 마후라가 등 사람과 사람 아닌 이들을 아어께 여기어 그 영탑을 받으라."

그때 곧 세음보살이 즉시 모든 사부대중과 천과 용과 사람과 사람 아닌 것들을 아어께 여기어서 그 영탑을 받으시고는 둘로 나누어서 생각하며 부처님께 바치고, 하나는 다보 부처님의 탑에 바쳤다.

阿修羅 迦樓羅 緊那羅 摩睺羅伽 人非人等故 受是瓔珞
卽時 觀世音菩薩 愍諸四衆 及於天龍人非人等 受其瓔珞
珞 分作二分 一分 奉釋迦牟尼佛 一分 奉 多寶佛塔

"무진의야! 관세음보살은 이와 같은 자재한 신통력이 있으므로 사바세계를 다니느니라."

그러자 무진의보살이 게송으로 말씀드렸다.

모든 상을 갖추신 부처님께 제가 지금 이 일을 묻자오니 이 어떠한 인연으로 관세음보살 이라 이르나이까?

無盡意 觀世音菩薩 有 如是自在神力 遊於娑婆世界
爾時 無盡意菩薩 以偈問曰 我今重問彼 佛子何因緣
世尊妙相具
名爲觀世音

묘한 상을 갖추신 세존께 음성 게송으로 무진의에게 대답하시었다.

그대는 잘 들으라.
관음의 높은 덕은 곳에 따라 마땅히 응함이라.

큰 서원은 바다와 같이 깊어서 헤아릴 수 없는 여러 겁 동안에 천억 부처님 모셔 받들며 청정한 큰 서원을 세웠느니라. 내 이제 그

偈答無盡意
弘誓深如海
發大淸淨願

汝聽觀音行
歷劫不思議
我爲汝略說

具足妙相尊
善應諸方所
侍多千億佛

개이심오 관세음보살보문품

내에게 들여서 말하노니 그 이름 듣거나 모습을 보는 이가 지극한 마음으로 깊이 세기면 모든 세상 괴로움을 소멸하리라.

어떤 이가 해치려는 생각으로 불구덩이 밀어서 떨어뜨려도 그 불구덩이 영험한 힘을 관세음을 염함에 의하여 연못으로 변하게 하고 바다에 빠져서 때내려 갈 제 용과 고기 귀신의 난을 만나도 관세음을 염하는 거룩한 힘을 입어 염하는 거룩한 힘을 파도에 잠

聞名及見身　心念不空過
假使興害意　推落大火坑
火坑變成池　或漂流巨海
念彼觀音力　龍魚諸鬼難
　　　　　　能滅諸有苦
　　　　　　念彼觀音力
　　　　　　波浪不能沒

或在須彌峯　爲人所推墮
如日虛空住　或被惡人逐
念彼觀音力　墮落金剛山
各執刀加害　或値怨賊繞

채워 안온케 하리라.

수미산 봉우리에서 있을 때
어떤 이가 밀어서 떨어뜨려도 관세
음이가 거룩한 힘이 해와 같
이 허공에 떠있게 하고, 흉악한 사
람에게 쫓겨가다가 험한 산에서
떨어져 굴러내려도 관세음
하는 거룩한 힘이 털끝 하나 손상
치 못하게 하네.
원수인 도적에게 둘러 싸여서
제각기 칼을 들고 해하려 해도 관

세음을 염하는 거룩한 힘이 그들
에게 자비한 마음을 생기게 하고, 이
제나 죽법을 어기게 되어 망나
니 칼끝에 서게 되어도 관세음
을 염하는 거룩한 힘에 칼날이 조각
조각 부수어지네.

옥중에 갇히어서 손 갈을 쓰고
손발에 고랑을 채웠더라도 관세
음을 염하는 거룩한 힘에 저절로
시원하게 풀려나오고, 방자히 저
주하며 독을 먹여 모해

念彼觀音力
臨刑欲壽終
或囚禁枷鎖
釋然得解脫

咸即起慈心
念彼觀音力
手足被杻械
呪詛諸毒藥

或遭王難苦
刀尋段段壞
念彼觀音力
所欲害身者

혹 만날지라도 관세음을 염하는 거룩한 힘에 도리어 그 사람에게 돌아가게 되네.

흉악한 나찰이나 독한 용이 내 몸 해치려 한다 하여도 관세음 염하는 거룩한 힘이 그들을 복케 하고, 사나운 짐승들에 둘러싸여 이와 발톱 무섭다라도 관세음을 염하는 거룩한 힘이 그들을 우슴으로 한네.

或遇惡羅刹
時悉不敢害
念彼觀音力

還著於本人
念彼觀音力
利牙爪可怖

念彼觀音力
毒龍諸鬼等
若惡獸圍遶
疾走無邊方

셩난 독사가 무서운 독충
들의 독기를 불꽃처럼 내뿜더라
도 관세음을 염하는 거룩한 힘에
스스로 고스스로 피하여 가고, 검
은 구름 천둥에 번개가 치며서 우
박과 소나기 피붓더라도 관세음
을 염하는 거룩한 힘에 잠시잔에
흩어져 걷히게 되네. 중생들이 고
액과 무량한 고난이 한량없는 괴로
움 닥치더라도 관세음의 기묘
한 지혜의 힘이 세간의 모든 고통

蚖蛇及蝮蠍　氣毒煙火燃　念彼觀音力
尋聲自廻去　雲雷鼓掣電　降雹澍大雨
念彼觀音力　應時得消散　衆生被困厄
無量苦逼身　觀音妙智力　能救世間苦

다 주하네.

신통하고 모한 힘 두루 갖추고
지혜의 여러 방편 널리 닦아서
시방의 모든 세계 어디서든지
몸 나투지 않는 데 없이 갖가지
힘하고 나쁜 갈래인 지옥과 아귀
축생들까지 생로병사 고통을 차
츰차츰 모두다 없애 버리네.
참되고 깨끗하게 보살피시고
넓고 크신 지혜로 관찰하시며
비하신 마음으로 어루만져 주시

具足神通力　　廣修智方便　　十方諸國土
無刹不現身　　種種諸惡趣　　地獄鬼畜生
生老病死苦　　以漸悉令滅　　眞觀淸淨觀
廣大智慧觀　　悲觀及慈觀　　常願常瞻仰

無垢淸淨光　慧日破諸闇　能伏災風火
普明照世間　悲體戒雷震　慈意妙大雲
澍甘露法雨　滅除煩惱焰　澎訟經官處
怖畏軍陣中　念彼觀音力

너 인체나 원하옵고 앙모하더라.

때양이 청정하고 밝은 광명이
해와 같은 지혜로 어둠 깨치고
재와 횡재 풍파를 물리치고 늘
큰이 세상 비춰 주시니 대비는
체가 되고 계햄은 우레가 되고 자
비심 마음은 묘한 큰 구름 같도
다 감로를 내려주셔서 번뇌의 불
꽃 소멸하오며 송사하고 다투는
법정에서나 무섭고 적이 나는 진
중에서도 관세음을 염하는 거룩

묘한 힘이 원수들을 물리쳐 흩어버리네.

미묘한 음성이신 관세음보살
범천의 음성과 조수의 음성
세간의 음성보다 뛰어나시니 갈수록 사무침이 더해만 가네.

중생들은 조금도 의심치 말라.
거룩하고 청정하신 관세음보살
세상사 고뇌 죽어 등대이시니
믿고 의지할 어버이시네. 여러 가지 공덕을 다 갖추시고 자비한

妙音觀世音　梵音海潮音
是故須常念　念念勿生疑
觀世音淨聖　於苦惱死厄
　　　　　　能爲作依怙

衆怨悉退散
勝彼世間音
具一切功德

慈眼視衆生　福聚海無量　是故應頂禮
爾時 持地菩薩 卽從座起 前白佛言 世尊 若有衆生 聞
是觀世音菩薩品 自在之業 普門示現神通力者

눈길로 중생을 보시며 중생의 원
함따라 복 주시니 그 공덕 찬탄
함에 배하여야 하느니라.

그때 지지보살이 자리에서 일
어나 부처님 앞으로 나아가 부처
님께 말씀드렸다.

"세존이시여! 만일 어떤 중생
이 관세음보살의 지혜하신
신통과 보문으로 나타내어 보
이시는 신통력을 듣는 이가 있으

第二十五 觀世音菩薩普門品

當知是人功德不少 佛說是普門品時 衆中八萬四千衆
生皆發無等等阿耨多羅三藐三菩提心

觀世音菩薩普門品 終

이 관세음보살 보문품을

말씀하실 때 법회에 모인 대중 八만 四천 중생들이 모두 비길 데 없이 높고 바른 깨달음의 마음을 일으켰다.

부처님께서 이 보문품을 설하실 때 대중 가운데 팔만사천의 중생들이 모두 비길 데 없이 높고 바른 깨달음의 마음을 일으켰다.

"이 사람의 공덕이 적지 아니함을 마땅히 알겠습니다."

제이십육 다라니품

第二十六 陀羅尼品

爾時 藥王菩薩 卽從座起 偏袒右肩 合掌向佛 而白佛言
世尊 若 善男子 善女人 有能受持法華經者 若讀誦通利
若書寫經卷 得幾所福

그때 약왕보살이 자리에서 일
어나 오른쪽 어깨를 드러내고
부처님을 향하여 합장하고 부처
님께 말씀드렸다.
"세존이시여 만약에 선남자 선
여인으로서 법화경을 받아 지
니는 사람이 읽고 외워서 통달
하거나 경전을 베껴 쓴다면
얼마만큼의 복을 받겠습니까?"

부처님께서 약왕보살에게 말씀하셨다.

"선남자 선여인이 팔백만억 나유타 항하사 같은 부처님들을 공양한다면 너의 생각은 어떠하냐? 그 얻는 복이 많지 않겠느냐?"

"매우 많겠습니다. 세존이시여."

부처님께서 말씀하셨다.

"선남자 선여인이 이 경에서 내지 사구게 하나의 게송만이라도

佛告藥王 若有善男子善女人 供養八百萬億那由他 恒河沙等諸佛 於汝意云何 其所得福寧爲多不 甚多 世尊
佛言 若善男子善女人 能於是經 乃至受持 一四句偈

제10장 다라니품

받아 지니고 읽고 외우며 뜻을 이해하고 설한대로 수행하면 그 공덕이 아주 많으니라."

그러자 약왕보살이 부처님께 말씀드렸다.

"세존이시여! 제가 설법을 행하는 자들에게 다라니 주문을 주어 그들을 지키고 보호하게 하겠습니다."

주문을 말하였다.

讀誦解義 如說修行 功德 甚多 爾時 藥王菩薩 白佛言
世尊 我今 當與說法者 陀羅尼呪 以守護之 卽說呪曰

「안니 만니 마네 마마네 지례
차리제 사마 사리다 우 선데 목데
목다리 시리 아예사리 신데 사리
사예 아사예 아기니 선데 사리
다라니 아로가바사바비사니
네비데 아변다라네라데 아단다
파레수니 주구례 모주례 아라례
파라례 수가치 아삼마삼리 못다
비기리질데 달마파리치데 싱가
녈구사네 바사바사수다 만다라
만다라사야다 우타 우루다교

安爾 曼爾 摩禰 摩摩禰 旨隷 遮梨第 賖咩 賖履多瑋 羶諦
目帝 目多履 娑履 阿瑋娑履 桑履 娑履 叉裔 阿叉裔
阿耆膩 羶諦 賖履 陀羅尼 阿盧伽婆娑 簸蔗毘叉膩 禰毘
剃 阿便哆邏禰履剃 阿亶哆波隷輸地 漚究隷 牟究隷 阿
羅隷 波羅隷 首迦差 阿三磨三履 佛馱毘吉利袟帝 達
羅隷 波羅隷 首迦差 阿三磨三履 佛馱毘吉利袟帝 達

시라 야지라 양샤야다야 아바로
아먀야다야」

"세존이시여! 이 다라니 신주는
무량아승이의 항하의 모래 수 같은
부처님들께서 설하신 것이며,
무처님들의 법사를 찬탄하고 해밤
만일이 법사를 침해하고 해밤
하는 자가 있으면 곧 모든 부처님을
침해하고 해밤하는 것이 되
나이다."

그때 석가모니 부처님께서 이

阿治多治多 曼多邏 曼多邏 地 舍婆舍婆 僧伽涅瞿彌 沙彌 廳波利差 帝
阿夜多 遲又邏 惡又邏略 舍橋樓多 郵樓多 遲又邏
若夜 那多 阿摩盧
諸佛所說 若 恒河沙等 六十二億 陀羅尼神呪 是 世尊

약왕보살을 칭찬하셨다.

"착하고도 착하도다. 약왕보살아! 그대가 이 법사를 어여삐 여겨 옹호하려고 이 다라니를 설하였으니 중생들에게 이익되는 것이 많겠구나."

그때 용시보살이 부처님께 말씀드렸다.

"세존이시여! 저도 법화경을 받아 지니고 읽고 외우는 사람을 옹호하기 위하여 다라니를 말하겠습니다.

有侵毀此法師者 則爲侵毀是
藥王菩薩言 善哉善哉 藥王 汝愍念擁護此法師故 說是
陀羅尼 於諸衆生 多所饒益 爾時 勇施菩薩 白佛言 世
尊 我 亦爲擁護 讀誦受持法華經者 說陀羅尼

졌습니다. 만약 법사가 이 다라니를 얻으면 야차나 나찰이나 부단나 걸차나 구반다나 아귀들이 그의 단점을 엿보기 어려울 것입니다."

곧 부처님 앞에서 주문을 말씀드렸다.

"자례 마하자례 욱기 목기 아례 아라바제 녈례제 녈례다바제 이지니 위지니 치지니 녈례지니 녈례바지니"

若此法師 得是陀羅尼 若夜叉 若羅刹 若富單那 若吉遮 若鳩槃茶 伺求其短 無能得便 即於佛前 而說呪曰

若餓鬼等

痤隷 摩訶痤隷 郁枳 目枳 阿隷 阿羅婆第 涅隷第 涅隷
多婆第 伊緻柅 韋緻柅 旨緻柅 涅隷墀柅 涅隷墀婆柅

多婆第 伊緻抳 韋緻抳 旨緻抳 涅隷墀抳 涅犂墀婆底

世尊 是 陀羅尼神呪 恒河沙等 諸佛所說 亦皆隨喜 若

有侵毀此法師者 則爲侵毀是 諸佛已 爾時 毘沙門天王

護世者 白佛言

리지바다.』

"세존이시여! 이 다라니 신주

는 항하의 모래 수 같은 부처

에서 설하신 것이며 모두 따라

기뻐하신 것입니다. 만약이 법사를

침해하고 혜방하면 곧 부처를

침해하고 혜방하는 것이 될 것

입니다."

그때 세상을 보호하는 비사문

천왕도 부처님께 말씀드렸다.

"세존이시여! 저도 중생을 어여삐 여기나이 법사를 옹호하기 위하여 다라니를 설하겠습니다."

하며 곧 주문을 말하였다.

「아리 나리 노나리 아나로 나비 쿠나리」

"세존이시여! 이 신비로운 주문으로 법사를 옹호하고, 또 이 경전 지니는 자를 옹호하기 위하여

世尊 我亦爲愍念衆生 擁護此法師故 說是陀羅尼 卽說呪曰

阿梨 那梨 袅那梨 阿那盧 那履 拘那履

世尊 我亦以是神呪 擁護法師 持是經者 令百

백부슨 인에는 온갖 쉬야함과 재앙이 없도록 하겠습니다."

그때 지국천왕이이 법회 가운데 있다가 천만억 나유타의 건달바들에게 둘러싸여 공경을 받으며 부처님 앞으로 나아가 합장하고 부처님께 말씀드렸다.

"세존이시여! 저도 다라니 신주로 법화경 지니는 자를 옹호하겠습니다."

하며 바로 주문을 말하였다.

爾時 持國天王 在此會中 與 千萬億 那由他 乾闥婆衆 恭敬圍繞 前詣佛所 合掌白佛言 世尊 我亦以陀羅尼神呪 擁護持法華經者 卽說呪曰

由旬內 無諸衰患

「아가네 가네 구리 건다리 전다리 마등기 상구리 부루사니 알디」

"세존이시여! 이 다라니 신주는 사십이억 부처님들께서 말씀하신 것이니 만약 이 법사를 침해하고 훼방하는 자가 있으면 곧 이 부처님들을 침해하고 훼방하는 것이 될 것입니다."

阿伽禰 伽禰 瞿利 乾陀利 旃陀利 摩蹬耆 常求利 浮樓 莎柅 頷底

世尊 是 陀羅尼神呪 四十二億諸佛所說 若有侵毀此法師者 則爲侵毀是諸佛已 爾時 有羅刹女等 一名 藍婆

그때 나찰녀들이 부처님께 첫째의 이름은 남바이고, 둘째의 이름은 비람바이며, 셋째의 이름은 곡치이고, 넷째의 이름은 화치이고, 다섯째의 이름은 흑치이고, 여섯째의 이름은 다발이고, 일곱째의 이름은 무염족이고, 여덟번째의 이름은 지영락이고, 아홉번째의 이름은 고제이고, 열 번째의 이름은 탈일체중생정기였다. 이 열 명의 나찰녀가 귀자모와 그 아

一名藍婆 二名毘藍婆 三名曲齒 四名華齒 五名黑齒 六名多髮 七名無厭足 八名持瓔珞 九名皐帝 十名奪一切衆生 精氣 是十羅刹女 與鬼子母

들과 권속들과 다 함께 부처님께
서는 못으로 가서 같은 소리로 부
처님께 말씀드렸다.

"세존이시여!

저희들도 법화경을 읽고 외우며
받아 지니는 자를 옹호하여 그
들의 근심과 걱정을 없애주고 싶
으며, 만약 어떤 사람이 법사의 단
점을 찾아내려 해도 기회를 얻지
못하게 하겠습니다."

그리고 즉시 부처님 앞에서 주

弁其子 及眷屬 俱詣佛所 同聲 白佛言 世尊 我等 亦欲
擁護讀誦 受持法華經者 除其衰患 若有伺求法師短者
令不得便 卽於佛前 而說呪曰

말을 말하였다.

『이체리 이체민 이체리 아체리 이체리 니리 니리 니리 니리 루헤 루헤 루헤 다헤 다헤 다헤 도헤 도헤 도헤』

"차라리 저의 머리 위에 올릴지 라도 법사를 괴롭히지 못하게 하겠으며, 야차와 나찰과 아귀와 부 단나와 길자와 비라와 건다와

伊提履 伊提泯 伊提履 阿提履 伊提履 泥履 泥履 多醯 兜醯 若言
泥履 泥履 棲醯 棲醯 多醯 多醯 若夜叉 若羅刹
兜醯
寧上我頭上 莫惱於法師

오 마등가와 아발마라와 아저걸치
와 인걸자와 하루, 이틀, 사흘,
나흘 내지는 이레 동안 한결같이 열병과
오래도록 하는 열병과 남자의 모
습과 여자의 모습과 소년의 모습
과 소녀의 모습으로 나타나는 나
쁜 귀신들이 꿈속에서라도 괴롭
히지 못하게 하겠습니다."
부처님 앞에서 게송으로 말하
였다.

單那 若吉遮 若毘陀羅 若犍駄 若阿跋摩羅 若烏摩勒伽
若夜叉吉遮 若人吉遮 若熱病 若一日 若二日 若三日
若四日 乃至七日 若常熱病 若男形 若女形 若童男形
若童女形 乃至夢中 亦復莫惱 即於佛前 而說偈言

내 주문을 따르지 않고 설법하는 사람을 괴롭히면 머리를 일곱 조각으로 부수어 아리수 나무의 가지처럼 만들어 버리고, 부모를 살해한 죄와 기름을 짠 때 속는 죄와 됫박이나 저울로 다른 사람을 속이는 죄와 조달이 승가를 깨뜨리는 죄와 같이하리라. 법사를 해치는 자는 마땅히 이와 같은 재앙을 받을 것이니라.

若不順我呪 頭破作七分
如阿梨樹枝 亦如壓油殃
斗秤欺誑人 犯此法師者
調達破僧罪
當獲如是殃

나찰녀들이 이 게송을 한 후 부처님께 말씀드렸다.

"세존이시여! 저희들도 이 경을 받아 지니고 읽고 외우며 수행하는 사람을 몸소 지키며 편안하게 하여 모든 근심과 걱정을 여의게 하고 온갖 독약도 없어지게 하겠습니다."

부처님께서 나찰녀들에게 말씀하셨다.

"훌륭하고 훌륭하도다. 너희들이

법화경의 이름만 받아 지니는 자를 옹호하여도 그 복이 헤아릴 수 없을 텐데, 다 갖추어 받아 지니고 경전에 공양을 하며 꽃과 영락과 가루향, 바르는 향, 사르는 향, 깃발, 일산, 음악과 가지가지 등불인 우유 기름 등, 소마나꽃 기름 등, 바시가꽃 기름 등, 발라꽃 기름 이와 같이 백천 가지로 공양하는 자를 옹호하는 것

汝等 但能擁護受持法華經名者 福不可量 何況擁護具足
受持 供養經卷華香瓔珞 燒香 塗香 抹香 華香 諸香油燈 蘇
種種燈 酥油燈 諸香油燈 瞻蔔華油燈 優缽羅華油燈
婆師迦華油燈 如是等 百千種 供養者

이야 말할 것이 있겠느냐?
그제야! 너희와 권속들은 응당
이와 같은 법사를 옹호하여라."
이 다라니품을 설하실 때 육만
팔천의 사람들이 무생법인을 얻
었다.

제이십육 다라니품 끝

皇帝汝等及眷屬 應當擁護 如是法師 說是陀羅尼品時
六萬八千人得無生法忍

第二十六 陀羅尼品 終

第二十七 妙莊嚴王本事品

爾時 佛告諸大衆 乃往古世過 無量無邊 不可思議 阿僧
祇劫 有佛 名 雲雷音宿王華智 多陀阿伽度 阿羅訶 三藐
三佛陀 國名 光明莊嚴 劫名 喜見

제이십칠 묘장엄왕본사품

그때 부처님께서 대중에게 말
씀하셨다.

"한량없고 가없으며 불가사의
한 아승지겁이 지난 오랜 옛적에
부처님께서 계셨으니, 명호는
운뢰음수왕화지 · 다타아가도 ·
아라하 · 삼먁삼불타였고, 나라
이름은 광명장엄이며 겁
이름은 희견이었다.

그 부처님의 법 가운데 묘장엄이라는 왕이 있었다. 이 왕의 부인의 이름은 정덕이었으며, 두 아들을 가졌는데 하나는 정장이었고, 하나는 정안이었다. 이 두 아들은 신통과 복덕과 지혜가 있었으며 오래도록 보살의 행을 닦았으므로 이른바 보시바라밀, 지계바라밀, 인욕바라밀, 정진바라밀, 선정바라밀, 반야바라밀과 지혜바라밀, 방편바라밀과 자비·희·사와 삼십칠품 조도법과

彼 佛法中 有王 名 妙莊嚴 其王夫人 名曰淨德 有二子
一名 淨藏 二名 淨眼 是二子 有 大神力 福德智慧 久修
菩薩 所行之道 所謂 檀波羅蜜 尸羅波羅蜜 羼提波羅蜜
毘梨耶波羅蜜 禪波羅蜜 般若波羅蜜 方便波羅蜜 慈悲
喜捨 乃至 三十七品助道法

지 모두다 분명하게 통달하였으며, 보살의 정상의 일성수삼매와 정광삼매와 정색삼매와 정조명삼매와 장생삼매와 대위덕장삼매와 장장엄삼매와 대위덕장삼매에 이러한 삼매를 얻었으며 모두 통달하였느니라.

그때 그 부처님께서는 보장엄왕을 인도하시려고 또 중생들을 불쌍히 여기셔서 이 법화경을 설하시었는데, 이때 정장과 정안 두 아들은 그들의 어머님이 계시는

皆悉明了通達 又得 菩薩 淨三昧 日星宿三昧 淨光三昧 淨色三昧 淨照明三昧 長莊嚴三昧 大威德藏三昧 於此 三昧 亦悉通達 爾時 彼佛 欲 引導妙莊嚴王 及 愍念衆 生故 說是法華經 時 淨藏淨眼二子 到其母所

꽃으로 가서 열 손가락을 모아 합
장하며 말하였느니라.

'엄하옵건대, 어머님이시여!
원수유화희 부처님께서 계시
는 곳으로 가십시다. 저희들은 모
시고 가겠습니다. 친근하고 공양
하고 예배를 드립시다. 왜냐하면
그 부처님께서 모든 하늘과 인간
들에게 법화경을 설하시니 마땅
히 듣고 받아들여야 하기 때문입
니다.'

合十指爪掌 白言 願母 往詣雲雷音宿王華智佛所 我等
亦當侍從親近 供養禮拜 所以者何 此佛 於一切天人衆
中說法華經 宜應聽受

어머니가 아들들에게 말하였습니다.

"너희들의 아버지의 도움은 광활이들이 바라무의 법에 깊이 빠져 있으니 너희들이 아버지에게 꼭 같이 가자는 말씀을 드려서 함께 가도록 하자."

저자와 정인이 열 손가락을 합장하고 어머니에게 말하였습니다.

"저희들은 법왕의 아들인데 아

母告子言 汝父信受外道 深著婆羅門法 汝等 應往白父 與其俱去 淨藏淨眼 合十指爪掌 白母 我等 是法王子

제이십칠 묘장엄왕본사품

"제가 어이 이 삿된 소견을 가진 집에 태어났습니까?"

아버지 이들에게 말합니다.

"너희들은 마땅히 너희들이 아버지를 걱정하는 마음으로 신통 변화를 나타내 보이어라. 만약 보게 되면 마음이 반드시 청정해져서 우리들이 부처님 계시는 곳으로 가는 것을 허락할지도 모르겠다."

而生此邪見家 母子告言 汝等 當憂念汝父 為現神變 若
得見者 心必清淨 或聽我等 往至佛所

이에 두 아들이 그들의 아버지를
생각하여 허공으로 솟아올라
일곱 다라수나 되는 곳에서 온갖
신통과 변화를 나타내 보이었느
니라. 허공에서 가거나 서고 앉고 누
우며, 몸 위로는 물을 뿜고 아래로
는 불을 뿜다가 몸 아래로 물을
뿜고 위로 불을 뿜어내며,
혹은 큰 몸이 허공에 가득 차게 하
다가는 작아지고 작아지다가는
다시 커지며, 공중에서 없어졌다

於是二子 念其父故 踊在虛空 高七多羅樹 現 種種神變
於虛空中 行住坐臥 身上出水 身下出火 身上
出火 或現大身 滿虛空中 而復現小 小復現大 於 空中
沒

갑자기 그 자리에서 땅이 열리며 땅속에 들어가 물에 들어가듯 하고, 물 속에 들어가기를 땅을 밟듯 하며, 땅과 물을 밟는 것을 빈 곳을 지나가듯 나타내어 그 허공에 앉아 있는 것을 평지같이 하였으며, 그 어버이가 마음을 청정하게 이해하게 하였습니다. 그때 어버지 어머니는 아들의 신통이 이 같음을 믿고 기뻐하며 미증유를 얻고 마음이 아들들에게 합장하며 말씀이 있었습니다.

'너희들의 스승은 누구이며, 너희들은 누구의 제자이냐.'

忽然在地 入地如水 履水如地 履如是等種種神變 令其 父王 心淨信解 時父見子 神力如是 心大歡喜 得 未曾 有 合掌向子言 汝等師 會

"이제자냐?"

두 아들이 '대왕이여! 웬일이십니까?

우왕좌지 부처님께서 지금 칠

보의 보리수 아래 법좌에서 일체

세간의 하늘과 사람들에게 법화

경을 널리 설하고 계십니다. 이분

이 저희들의 스승이시며 저희

는 이분의 제자입니다.' 하였느

니라.

아버지가 아들들에게 '나도 너

희들의 스승을 뵙고 싶으니 같이

가자.'

爲是誰之弟子 二子白言 大王 彼雲雷音宿王華智佛 今在七寶菩提樹下法座上坐 於一切世間天人衆中廣 說法華經 是我等師 我是弟子 父語子言 我今亦欲見 汝等師

가도록 하자.' 하니, 이에 공중에서 내려와 어머니가 계신 곳으로 가서 합장하며,

'부왕께서 이제 믿고 이해하여 아뇩다라삼먁삼보리의 마음을 낼 수가 되었습니다. 저희가 정든가 되었습니다. 저희가 이 부처님 계신 곳에서 가서 출가하여 어머니께서는 저희 원하옵건대 어머니께서 저희를 허락하여 주시어 이제 부처님 계신 곳에 가서 수도를 하도록 허락하여 주시옵소서.' 하며 이 뜻을 게송으로 말하였다.

可共俱往 於是二子 從 空中下 到其母所 合掌白母 父
王 今已信解 堪任發阿耨多羅三藐三菩提心 我等為父
已作佛事 願母見聽 於彼佛所 出家修道
爾時二子 欲重宣其意 以偈白母

고개 숙으로 말하였느니라.

원컨대 어머님께서는 저희들을
보내어 주십시오. 출가하여 사문
이 되겠습니다.
부처님 만나 뵈옵기가 참으로
어려우니 저희들은 부처님을 따
라 배우려 합니다. 우담바라꽃 못
만나기가 어렵지만 부처님을 만
나기는 이보다 더 어려우며 모든
고난을 벗어나기도 역시 어렵습

願母放我等　諸佛甚難値
出家作沙門　値佛復難是
如復優曇鉢羅
我等隨佛學

니다. 원하옵건대 저희들의 출가를 허락하여 주십시오.

그러자 어머니가 말하였다.

'너희들의 출가를 허락하겠다. 나하면 부처님을 만나기가 매우 어렵기 때문이다.'

이때 두 아들이 아버지와 어머니에게,

'거룩하십니다. 부모님이시여.

母即告言 聽汝出家 所以者何 佛難値故 於是 二子白父母言 善哉父母 願聽我出家
脫諸難亦難

원하옵건대 운뢰음왕수일하지 부처님 계신 곳으로 바로 가서 직접 뵈옵고 공양을 드립시다. 왜냐하면 부처님을 만나기가 매우 어려워 우담바라꽃 만나기와 같으며, 또 한 눈 가진 거북이가 떠다니는 나무의 구멍을 만나는 것과 같기 때문입니다.

저희들은 지난 세상에서 지은 복이 깊고 두터워 이 세상에 태어 났으며 부처님의 법을 만났습니다.

願時往詣雲雷音宿音王華智佛所 親近供養 所以者何 佛難得值 如優曇鉢華 又如一眼之龜 值浮木孔 而我等宿福深厚 生值佛法

다. 그러므로 부모님께서는 저희들이 출가하도록 허락하여 주시오. 왜냐하면 부처님을 만나기 어려우며 때를 만나기도 어렵기 때문입니다.'

그때 묘장엄왕의 후궁 팔만사천 인은 모두 이 법화경을 받아 지닐 수 있을 정도가 되어 있었으며, 정안보살은 법화삼매에 오래 전부터 통달하고 있었으며, 정장보살은 이미 한량없는 백천만 억

是故 父母 當聽我等 令得出家 所以者何 諸佛難值 時亦難遇 彼時妙莊嚴王後宮 八萬四千人 皆悉堪任 受持是 法華經 淨眼菩薩 於 法華三昧 久已通達 淨藏菩薩已於無量百千萬億劫

그 동안 이체약취삼매를 통달하고 있었으며, 모든 중생으로 하여금 여러 가지 악한 것을 여의게 하는 삼매를 얻어, 그 왕의 부인이 두 아들의 어머니임을 알고 있었습니다. 두 아들이 이와 같은 방편의 힘으로 그들의 아버지를 잘 교화하여 마음으로 믿고 이해하여 불법을 좋아하게 하니, 모장이 있은 여

通達離諸惡趣三昧 欲令一切衆生 離諸惡趣故 其王夫人 得諸佛集三昧 能知諸佛 秘密之藏 二子如是 以方便力 善化其父 令心信解 好樂佛法

於是 妙莊嚴王 與 群臣眷屬俱 淨德夫人 與 後宮婇女
眷屬俱 其王二子 與 四萬二千人俱 一時 共詣佛所 到
已 頭面禮足 繞佛三匝 却住一面 爾時 彼佛 爲王說法
示敎利喜 王大歡悅

그리하여 묘장엄왕은 여러 신하와 친속들과 함께, 정덕부
인은 후궁 궁녀와 친속들과 함
께, 또 두 아들은 사만이천의 사람
과 함께 다같이 부처님 계신 곳으
로 가서 머리를 조아려 발 아래 예
배하고 부처님을 세 번 돌고 한 쪽
으로 물러나 있었습니다.

그때 그 부처님께서 왕을 위하
여 가르침을 설하시고 보이고 가
르쳐서 이롭게 하고 기쁘게 하
니 왕이 크게 기뻐하였느니라.

이때 묘장엄왕과 그 부인이 갔다.

이 배천이나 나가는 친주 영락을

불에서 불이 부처님 위로 흘러,

부처님께 바친 그 영락이 공중에

서 변화하여 네 기둥이 있는 보배

누각으로 변하였느니라. 그 누각

가운데 보배로 된 자리가 있고

배천인의 하늘 옷이 깔려 있는데,

그 위에 부처님께서 결가부좌를

하신채 큰 광명을 놓으셨느니라.

그때 묘장엄왕은 이런 생각을 하

爾時 妙莊嚴王 及其夫人 解頸眞珠瓔珞 價值百千 以散
佛上 於虛空中 化成四柱寶臺 臺中 有 大寶牀 敷 百千
萬天衣 其上 有佛 結跏趺坐 放 大光明 爾時 妙莊嚴王

얻었느니다.

'부처님의 몸이 희유하시며 단정하고 아름답기가 빼어나며 참으로 거룩한 모습을 갖추셨구나.'

이때 운뢰음수왕화지 부처님께서 사부대중에게 말씀하셨느니다.

'너희들은 내 앞에서 합장하고 서 있는 묘장엄왕을 보고 있느냐? 이 왕은 나의 법 가운데에서 비구가 되어 부처님의 도를 돕는 법을

作是念 佛身 希有 端嚴殊特 成就第一 微妙之色 時 雲雷音宿王華智佛 告四衆言 汝等 見是妙莊嚴王 於我前 合掌立不 此王 於我法中 作比丘 精勤修習 助佛道法

부처님희 답고 일컬어서 정확 생불하리니 명호는 사라수왕이고 나라의 이름은 대광영이며 겁의 이름은 대고왕이니라. 그 사라수왕 부처님께는 한량없는 보살과 헤아릴 수 없는 성문이 있으며 그 나라는 평탄할 것이며 공덕이 이와 같을 것이다.'

그러자 그 왕은 즉시 나라를 동생에게 맡기고 부인과 두 아들과 여러 권속들과 함께 부처님의 법 중에서

當得作佛 號 娑羅樹王 國名 大光 劫名 大高王 其 娑羅樹王佛 有無量菩薩衆 及無量聲聞 其國 平正 功德 如是 其王 卽時 以國付弟 與夫人二子 幷諸眷屬 於佛法中

제이십칠 묘장엄왕본사품

가운데 출가하여 수도하였느니라.
그 왕이 출가하여 팔만사천 년 동
안 항상 부지런히 정진하며 묘법
연화경의 가르침을 수행한 이후에
일체정공덕장엄삼매를 얻자 바로
칠다라수 높이의 허공으로 올라가
서 부처님께 말씀드렸느니라.

'세존이시여!

저의 두 아들은 불사를 하여 신
통 변화로 저의 삿된 마음을 돌
이켜 부처님의 법에 편안히 머
무르게 하였으며

出家修道 王 出家已 於 八萬四千歲 常勤精進 修行妙
法華經 過是已後 得一切淨功德莊嚴三昧 卽昇虛空 高
七多羅樹 而白佛言 世尊 此我二子 已作佛事 以神通
變化 轉我邪心 令得安住於佛法中

듣게 하고 세존을 만나 뵙게 하였으며 이 아이들은 저의 선지식입니다. 지난 세상의 선근을 일으켜 저를 이롭게 하려고 저의 집에 태어났던 것입니다.

그때 묘장엄왕은 수왕화지 부처님께 말씀하였습니다.

'그와 같고 그와 같으니라. 네가 말한 바와 같으니라. 만일 선남자 선여인이 선근을 심은 까닭으

得見世尊 此二子者 是我善知識 爲欲發起 宿世善根 饒益我故 來生我家 爾時 雲雷音宿王華智佛 告妙莊嚴王言 如是如是 如汝所言 若善男子 善女人 種善根故

로 세세에 선지식을 만나게 되면, 그 선지식이 불사를 하여 보이고 가르쳐 이롭게 하고 기쁘게 하여 아뇩다라삼먁삼보리에 들게 하느니라.

대왕이여! 마땅히 알라. 선지식이란 이렇게 큰 인연이니라. 이른바 교화하고 인도하여 부처님을 뵙게 하고 아뇩다라삼먁삼보리의 마음을 내게 하느니라. 대왕이여! 그대는 이 두 아들을 보느냐?

阿闍世王 所見汝大王 令入佛喜 示敎利喜 能作佛事 善知識 其 得善知識 世世
謂化導 令得見佛 發阿耨多羅三藐三菩提心 菩提三藐三耨阿得當 知善 王大 提菩三藐三耨多
此二子不

보느냐? 이 두 아들은 이미 육시
오백천만억 나유타 항하사 같은
부처님을 모시고 공양하였으며,
여러 부처님의 처소에서 법화경
을 받아 지녔느니, 삿된 견해에 빠
진 중생들을 불쌍히 여기어서 바
른 견해에 머무르게 하느니라.'

하시니 묘장엄왕이 허공에서 내
려와 그 부처님께 말씀드렸다.

'세존이시여!

여래께서는 매우 희유하시며

此二子已曾供養 六十五百千萬億那由他 恒河沙諸佛
親近恭敬 於諸佛所 受持法華經 愍念邪見衆生 令住正
見 妙莊嚴王 卽從虛空中下 而白佛言 世尊 如來甚希有

공덕과 지혜가 있으시므로 머리 위의 육계에서 광명을 밝게 비추시며, 그 눈은 길고 그며 감청색이고 미간의 백호상은 우슬이 모여 둥글과 같이 희며, 치아는 희고 고르고 깨끗하고 빽빽하여 같이 단단하고 입술이 빛이 나며 잎술이 붉고 고와 빈바나무 열매와 같습니다.'

보장엄이 부처님의 이와 같은 한량없는 백처만억 공덕을 찬하옵고 부처님 앞에서 일심으로

以功德智慧故 頂上肉髻 光明顯照 其眼 長廣 而紺青色 眉間毫相 白如珂月 齒白齊密 常有光明 脣色赤好 如頻婆果 爾時 妙莊嚴王 讚歎佛 如是等 無量百千萬億 功德已 於如來前

합장하며 부처님께 다시 말하기를, '세존이시여! 미증유한 일입니다. 여래의 가르침은 불가사의하며 거룩한 공덕을 다 갖추고 부처님이 가르침과 계율에 따라 행하는 바가 편안하고 유쾌함을 좋습니다. 저는 오늘부터 다시는 마음의 움직임에 따라 행하지 아니하고 삿된 견해와 교만한 마음과 성내는 일과 가지가지 악한 마음을 내지 않겠습니다.' 하며 예

一心合掌 復白佛言 世尊 未曾有也 如來之法 具足成就
不可思議 微妙功德 教誡所行 安隱快善 我從今日 不復
自隨心行 不生邪見 憍慢瞋恚諸惡之心 說是語已

배하고 물러갔느니라."

부처님께서 대중들에게 말씀하셨다.

"이것을 어떻게 생각하느냐? 묘장엄왕이 어찌 다른 사람이겠느냐? 지금의 이 화덕보살이니라. 그때의 정덕부인은 지금의 앞에 있는 이 광조장엄상보살이신데 묘장엄왕과 권속들을 가엾고 딱하게 여긴 까닭으로 그곳에 태어난 것이니라.

禮佛而出 佛告大衆 於意云何 妙莊嚴王 豈異人乎 今華德菩薩 是 其淨德夫人 今佛前 光照莊嚴相菩薩 是哀愍妙莊嚴王及諸眷屬故 於彼中生

또 그의 두 아들은 오늘의 약왕보살과 약상보살이니라. 이 약왕보살과 약상보살은 이와 같은 큰 공덕을 성취하고 한량없는 백천 만억의 부처님 처소에서 가지가지 큰 공덕의 근본을 심었으며, 불가사의한 온갖 선의 공덕을 성취하였으므로 만약 어떤 사람이 이 두 보살의 이름을 안다면 모든 세상의 하늘과 사람들이 응당 예배할 것이니라."

其二子者 今 藥王菩薩 藥上菩薩 是 藥王菩薩 藥上菩薩 成就如此 諸大功德已 於 無量百千萬億 諸佛所 植衆德本 成就不可思議 諸善功德 若有人 識是二菩薩名字者 一切世間 諸天人民 亦應禮拜

제이십칠 묘장엄왕본사품

부처님께서 이 묘장엄왕본사품을 설하실 때 팔만사천의 사람들이 번뇌의 티끌을 멀리하고 죄악을 떠나서 모든 부처님의 가르침 가운데서 진리를 보는 청정한 눈을 가지게 되었다.

제이십칠 묘장엄왕본사품

佛說是妙莊嚴王本事品時 八萬四千人 遠塵離垢 於諸法中 得 法眼淨

第二十七 妙莊嚴王本事品 終

제이십팔 보현보살권발품

그때 지유자재한 신통력과 위엄과 덕망과 명성을 지닌 보현보살이 한량없고 가없으며 헤아릴 수 없는 대보살들과 함께 동방에서 오는데, 지나오는 나라마다 모두 널리 진동을 하고 보배로 된 연꽃이 비 오듯 내리며 한량없는 백천만억의 가지가지 음악이 울려퍼졌다.

第二十八 普賢菩薩勸發品

爾時 普賢菩薩 以自在神通力 威德名聞 與大菩薩 無量無邊不可稱數 從東方來 所經諸國 普皆震動 雨寶蓮華 作無量百千萬億種種伎樂

又與無數諸 天龍夜叉 乾闥婆 阿修羅 迦樓羅 緊那羅
摩睺羅伽 人非人等大衆 圍繞 各現神通之力 到
娑婆世界 耆闍崛山中 頭面禮 釋迦牟尼佛 右繞七匝 白佛
言 世尊 我於寶威德上王佛國

수없는 천, 용, 야차, 건달바,
아수라, 가루라, 긴나라, 마후라
가의 사람인 듯 아닌 듯한 대중들
에게 둘러싸여 각각 위엄과 덕망
과 신통의 힘을 나타내면서, 사바
세계의 기사굴산에 이르러서 머
리를 조아려 석가모니 부처님
께 예배하며 오른쪽으로 일곱번
을 돌고 부처님께 말씀드렸다.
"세존이시여! 저는 보위덕상왕
부처님의 나라에 있으면서 이 사

바세계에서 법화경 설하시는 것을 듣고 한량없고 가없는 백천만 억의 보살들과 함께 들으려고 왔습니다.

그리하오니 오직 원하옵건대, 세존께서 설하여 주십시오. 선남자 선여인이 여래께서 열반하신 후에는 어떻게 하여야 이 법화경을 얻을 수 있겠습니까?"

부처님께서 보현보살에게 말씀하셨다.

遙聞此娑婆世界說法華經 與無量無邊百千萬億諸菩薩衆 共來聽受 唯願世尊 當爲說之 若善男子善女人 於如來滅後 云何能得是法華經 佛告普賢菩薩

"선남자와 선여인이 네 가지 조건을 성취하면 여래가 열반한 후에라도 이 법화경을 얻을 수 있을 것이니라.

첫째는 부처님들이 보호하여 주신다고 믿는 것이고, 둘째는 가지가지 덕의 근본을 심는 것이고, 셋째는 정정취에 들어가는 것이고, 넷째는 일체 중생을 구하여야 겠다는 마음을 내는 것이다.

선남자와 선여인이 이와 같은

若 善男子 善女人 成就四法 於 如來滅後 當得是 法華經 一者爲 諸佛護念 二者 植 衆德本 三者入 正定聚 四者發救一切衆生之心 善男子 善女人 如是

"내가 이 조건을 성취하면 여래가 열반한 후에도 반드시 이 경을 얻게 될 것이니라."

이때 보현보살이 부처님께 말씀드렸다.

"세존이시여! 오백세 후의 탁하고 나쁜 세상에서 이 경전을 받아지니는 사람이 있으면, 제가 마땅히 지키고 보호하여, 그가 약해지거나 근심하거나 걱정하는 것이 없이 편안함을 얻도록 하겠

成就四法 於 如來滅後 必得是經 爾時 普賢菩薩 白佛
言 世尊 於後五百歲 濁惡世中 其有受持是 經典者 我
當守護 除其衰患 令得安隱 使無伺求

得其便者 若魔 若魔子 若魔女 若魔民 若為魔所著者
若夜叉 若羅刹 若鳩槃荼 若毘舍闍
若富單那 若韋陀羅等 諸惱人者 皆不得便 是人 若行若立 讀誦
此經

으며 그 기회를 엿보는 이가 없도록 하겠습니다.

만약 야마(악마), 야마의 아들이나 딸이나, 야마의 백성이나

야마에게 홀린 사람은 물론, 야차, 나찰, 주반다, 비사서, 길

자, 부단나, 위타라 등이라도 그들을 괴롭히는 사람을 엿보지 못하게 힘쓰겠습니다.

이 사람이 가거나 서거나 앉아 있고 또는 설령 이 경을 읽고 외면, 제가 그때 이들을

이 여섯 개나 되는 희 코끼리의 왕을 타고 대보살들과 함께 그 사람이 있는 곳으로 가서 몸을 나타내어 공양하며 지키고 보호하여 그 마음을 편안하게 하였으며 또 법화경에 공양을 하게 했습니다.

이 사람이 만약 앉아서 이 경을 깊이 생각하면, 그때 저는 희 코끼리 왕을 타고 그 사람 앞에 나타나 그 사람이 법화경의 한 구절이나 한 게송이라도 잊어버린 것이 있

我爾時 乘六牙白象王 與 大菩薩衆 俱詣其所 而自現身 供養守護 安慰其心 亦爲供養法華經故 是人 若坐 思惟 此經 爾時 我 復乘白象王 現其人前 其人 若於法華經 有所忘失 一句一偈

제이십팔 보현보살권발품

이 몸 체가 마땅히 가르침 함께
고 외워서 다시 통달하게 할 것입
니다.

그때 법화경을 받아 지니고 읽
고 외우는 사람이 쳐의 몸을 보게
되면 매우 기뻐서 더욱 정진할 것
이며 쳐를 본 인연으로 삼매와 다
라니를 얻을 것입니다. 이른바 선
다라니, 백천만억선다라니, 법음
방편다라나다고 이름하는 이와
같은 다라니를 얻을 것입니다.

我當教之 與共讀誦 還令通利 爾時 受持讀誦 法華經者
得見我身 甚大歡喜 轉復精進 以見我故 即得三昧 及
陀羅尼 名為旋陀羅尼 百千萬億旋陀羅尼 法音方便陀
羅尼 得如是等陀羅尼

세존이시여!
만일 훗날 오백세 후에 흐리고
거친 세상에서 비구와 비구니와
우바새와 우바이들로서 찾는 자와
받아지니는 자와 읽고 외우며
옮겨 쓰는 자들이 법화경을 닦아
익히려면 삼칠일 동안 일심으로
정진하여야 하는데, 삼칠일
다 지나면 제가 마땅히 이빨이 여
섯 개나 되는 흰 코끼리를 타고 한
량없는 보살들에게 둘러싸여 그중

世尊 若 後世後五百歲 濁惡世中 比丘比丘尼 優婆塞
優婆夷 求索者 受持者 讀誦者 書寫者 欲 修習是 法華
經 於三七日中應 一心精進 滿三七日已 我當乘六牙
白象 與 無量菩薩 而自圍繞

생들이 보기 좋아하는 몸을 그 사람 앞에 나타내어 설법하고 부처님께 공양이 끝난 후 그 사람에게 다라니의 주문을 주겠습니다.

이 다라니를 얻은 까닭으로 사람이 넘어트리는 것을 방해하는 것이 어떤 이든지 그러지 못할 것이며, 어떤 것을 약, 음식이 어지럽히지 못할 것입니다. 나다라는 제가 항상 그 사람을 보호하겠습니다.

以一切衆生所憙見身 現其人前 而爲說法 示敎利喜 亦
復與其陀羅尼呪 得是陀羅尼故 無有非人 能破壞者 亦
不爲女人之所惑亂 我身亦自常護是人

"바라옵건대 세존이시여! 제가 이 다라니의 주문을 말할 수 있도록 허락하여 주십시오."

그리고 부처님 앞에서 주문을 말하였다.

『아단다 단다바티 단다바데 단 다슈테 단다수다례 수다례 수다라바디 붓다파션네 살바다라니 아바타니 살바바사아바타니 수아바다니 싱가바리사니 상가열가다

唯願世尊 聽我說此陀羅尼呪 即於佛前 而說呪曰
阿檀地 檀陀婆地 檀陀婆帝 檀陀鳩舍隷 檀陀修陀隷 修
陀隷 修陀羅婆底 佛馱波羶禰 薩婆陀羅尼 阿婆多尼 薩
婆婆沙阿婆多尼 修阿婆多尼 僧伽婆履叉尼 僧伽涅伽

陀尼　阿僧祇　僧伽婆伽地
羅　薩　婆僧伽鞞地伽蘭地
婆帝　薩婆僧伽三摩地伽蘭地　薩婆達磨修波利剎帝
婆薩埵樓馱憍舍略阿㝹伽地辛吉利地帝　薩
世尊　若有菩薩　得聞是陀羅尼者　當知普賢神通之力　若

니 아승기 승가바가디 뎨례아다

승가도라아라데 파라뎨 살바싱가

삼마디가란디 살바달마수파리찰

뎨 살바살타루다교사략 아ᄂ누가

디신아비기리디뎨」

"세존이시여 어떤 보살이

다라니를 듣게 되면 마땅히 치의

신통으로 알 것이며, 만약

항경이 사바세계에 파질 때 만

지니는 사람이 있으면 당연히

것은 모두 다 제의 위신력이라고 생각할 것입니다.

만일 받아지니고 읽고 외우며 바르게 기억하고 생각해서 그 뜻을 이해하고 설하신 대로 수행하는 사람이 있다면, 마땅히 이 사람은 보현행을 행하여 한량없고 가이없는 부처님들이 계시는 곳에서 그 깊은 선근을 아무런 주저함 없이 그 머리를 어루만져 주시게 되어 여래들 여래들 등을 이루는 것으로 알아야 할 것

法華經 行 閣浮提 有受持者 應作此念 皆是 普賢 威神之力 若有受持讀誦正憶念 解其義趣 如說修行 當知是人 行普賢行 於無量無邊 諸佛所 深種善根 爲諸如來手摩其頭

若但書寫 是人命終 當生忉利天上 是時八萬四千天女
作衆伎樂 而來迎之 其人卽著七寶冠 於采女中娛樂
快樂 何況受持讀誦 正憶念 解其義趣 如說修行

만약 쓰기만 해도 그 사람이 죽
으면 마땅히 도리천에 태어나게
되고, 그곳에 태어날 때는 팔만사
천의 하늘 여인들이 온 음악을 연
주하며 맞이할 것입니다. 그 사람
은 칠보의 관을 쓰고 궁녀들 속에
서 즐겁게 지내게 될 것인데, 하물
며 받아지니고 읽고 외우며 바른
게 생각하고 그 뜻을 잘 이해하여
설한 바대로 수행하는 것이야 더
말할 나위가 있겠습니까.

若有人 受持讀誦 解其義趣 是人命終 爲 千佛授手 令不恐怖 不墮惡趣 卽往兜率天 彌勒菩薩所 彌勒菩薩 有三十二相 大菩薩衆 所共圍繞 有 百千萬億 天女眷屬

만일 어떤 사람이 이 경전을 받아 지니고 읽고 외우며 그 뜻을 잘 이해하면, 그 사람이 목숨을 마칠 때 일천 부처님께서 손을 잡아 주시어 두렵지 않게 해 주시고, 나쁜 곳에 떨어지지 않게 해 주시므로 곧 도솔천에 미륵보살이 계신 곳으로 가서 삼십이상을 갖춘 미륵 보살이 큰 보살들에게 둘러싸여 있고 백천만억의 하늘 여인들과 그 권속들이 있는 그곳에 태어날 것이니 말할 나위가 있겠습니까?

권속들이 있는, 그런 곳에 태어날 것입니다.

이와 같은 공덕과 이익이 있으므로 지혜 있는 이는 마땅히 한결같은 마음으로 스스로 쓰거나 남을 시켜 쓰게 하거나, 받아지니고 읽고 외우며 바르게 생각하고 설한 바와 같이 수행할 것입니다. 세존이시여! 제가 이제 신통력으로 이 경전을 수호하여 여래께서 열반하신 후 사바세계 안에서

而於中生 有 如是等功德利益 是故 智者 應當 一心 自
書 若 使人書 受持讀誦 正憶念 如說修行 世尊 我今 以
神通力故 守護是經 於 如來滅後 閻浮提內

널리 퍼지게 하며 끊어지지 않게 하겠습니다."

그러자 석가모니 부처님께서 찬탄의 말씀을 하셨다.

"착하고도 착하도다. 보현보살아! 그대가 능히 경전을 옹호하여 도와서 많은 중생을 인락하고 이익되게 할 것이다. 그대는 이미 불가사의한 공덕과 깊고 큰 자비를 이루었으며, 오랜 옛날부터 아뇩다라삼먁삼보리의 마음을 일으켜

善哉善哉 普賢 汝能護助是經 令多所衆生 安樂利益 汝已成就不可思議功德 深大慈悲 從久遠來 發阿耨多羅三藐三菩提意

廣令流布 使不斷絶 爾時 釋迦牟尼佛 讚言

제이십팔 보현보살권발품

었으며 이렇게 신통한 원을 세워 이 경전을 지키고 보호하려 하니, 나도 마땅히 신통력으로 보현보살이 이름을 받아 지니는 사람을 지키고 보호하겠노라.

보현보살이 만일 이 법화경을 받아 지니고 읽고 외우며 바르게 생각하고 닦아 익히며 쓰는 사람이 있으면, 마땅히 이 사람은 석가모니 부처님을 만나 뵙고 부처님의 입으로 이 경전을 듣는 것이니

而能作是神通之願 守護是經 我當以神通力 守護能受持普賢菩薩名者 普賢 若有受持讀誦正憶念 修習書寫是法華經者 當知是人 則見釋迦牟尼佛 如從佛口 聞此經典

으로 알고, 마땅히 생각하모니 부처님을 공양하는 것으로 알고, 마땅히 부처님께서 칭찬하다고 칭찬함으로 알고, 마땅히 석가모니 부처님께서 그의 머리를 손으로 부두만처 주시는 것이 되는 것으로 알고, 마땅히 사람이 석가모니 부처님께서 옷으로 덮어 주시는 것이 되는 것으로 알아라.

이와 같은 사람은 다시는 세상의 욕락에 집착하지 아니하고 외

當知是人供養釋迦牟尼佛 當知是人佛讚善哉 當知是
人爲釋迦牟尼佛 手摩其頭 其摩手 當知是人爲釋迦牟尼佛衣
之所覆 如是之人 不復貪著世樂

도의 경서와 글을 좋아하지 아니하며, 또 그들과 가친 사람들인 백정이나 돼지나 양, 닭, 개 등을 기르는 사람이나 사냥꾼이나 여색을 파는 사람들과 가까이 하는 것을 좋아하지 않을 것이다.

이런 사람은 마음과 뜻이 정직하여 바르게 생각하고 기억하며 복과 덕의 힘이 있느니라. 이 사람은 삼독의 시달림을 받지 않고 질투와 아만과 사만과 증상만

不好外道經書手筆 亦復不喜親近其人 及諸惡者 若屠兒 若畜猪羊鷄狗 若獵師 若衒賣女色 是人心意質直 有正憶念 有福德力 是人 不為三毒所惱 亦復不為嫉妬我慢 邪慢 增上慢

所謂 是人 少欲知足 能修普賢之行 普賢 若 如來滅後
後五百歲 若有人 見受持讀誦法華經者 應作是念 此人
不久 當詣道場 破諸魔衆 得阿耨多羅三藐三菩提

이 괴로움을 받지 않으며, 욕심이
적고 만족할 줄을 알므로 보현행
을 닦을 수 있을 것이니라.

보현보살이여! 여래가 열반한 후,
오백세 후에 만약 어떤 사람이 법
화경을 받아지니고 읽고 외우는
것을 보면 마땅히 이런 생각을 하
여라.

'이 사람은 오래지 않아 도량
으로 나아가서 마의 무리들을 깨
뜨리고 아뇩다라삼먁삼보리를 얻

이 법륜을 굴리며 법북을 치고 법
소라를 불며 법비를 내리게 하고
하늘과 인간의 대중 가운데에서 사
자의 법 자리에 앉게 될 것이다.'

보현보살이여! 우는 세상에서 이
경전을 받아지니고 읽고 외우는
사람이 있으면, 이 사람은 의복과
침구와 음식과 생활 용품을 탐내
고 집착하지 않아도 소원이 헛되
지 않을 것이며 현세에서 그 복의

轉法輪 擊法鼓 吹法螺 雨法雨 當坐天人 大衆中 師子
法座上 普賢 若於後世 受持讀誦是經典者 是人不復貪
著衣服臥具飲食資生之物 所願不虛 亦於現世

과보를 받을 것이니라.

만일 어떤 사람이 가볍게 여기고 비방하며 '너는 미친 사람이다. 공연히 이런 짓을 하는 것이다. 끝내 아무 것도 얻는 것이 없을 것이다.' 한다면 그 죄의 과보로는 날 때마다 눈이 없을 것이며, 만일 공양하고 찬탄하면 마땅히 금세에서 좋은 과보를 받을 것이니라.

만약에 이 경전을 받아지니는

得其福報 若有人 輕毀之言 汝 狂人耳 空作是行 終無
所獲 如是罪報 當 世世無眼 若有供養 讚歎之者 當於
今世 得現果報 若復有人 受持是經者

사람을 보고 그 사람이 헐뜯을 고집어내면, 그것이 사실이거나 아니거나 이런 사람은 헐뜯은 사람 때문을 얻을 것이고, 비웃은 사람은 태어날 때마다 치아가 성글고 입술이 추하고 코가 납작하고 손과 발이 비틀어지고 눈이 비뚤어지고, 몸에서 더러운 냄새가 나고, 피부에 부스럼에 피고름이 나고 배에 물이 차서 숨이 가쁘는 온갖 나쁜 중병을 앓게 될 것이니라.

出其過惡 若賣若不賣 此人 現世 得 白癩病 若有輕笑 之者 當世世 牙齒疎缺 醜脣平鼻 手脚 繚戾 眼目 角睞 身體臭穢 惡瘡膿血 水腹短氣 諸惡重病

是故 普賢 若見受持是經典者 當起遠迎 當如敬佛
普賢 若於後世 受持讀誦是經典者…
普賢 勸發品時 恒河沙等 無量無邊菩薩 得 百千萬億旋
陀羅尼 三千大千世界微塵等諸菩薩 具 普賢道

"이 경전을 받아지니는 이를 보거든 마땅히 일어나서 멀리서부터 맞이하기를 부처님을 공경하듯이 하여라."

이 보현보살권발품을 설하실 때에 항하의 모래 수같이 한량없이 많은 보살들이 백천만억의 선다라니를 얻었으며 삼천대천세계의 티끌 수 같이 많은 보살들이 보현의 도를 갖추었다.

그러므로 보현보살아!

제이십팔 보현보살권발품

부처님께서 이 경을 설하실 때
보현보살을 비롯한 모든 보살들
과 사리불을 비롯한 모든 성문들
과 모든 하늘과 용과 사람과 사람
과 모든 등의 모든 대중이 모두
아닌 것 모두 부처님의 말씀을
크게 기뻐하며 예배하고 물러갔다.

제이십팔 보현보살권발품을
묘법연화경 칠 제칠 을

佛說是經時 普賢等 諸菩薩 舍利弗等 諸聲聞 及諸天龍
人非人等一切大會 皆大歡喜 受持佛語 作禮而去
第二十八 普賢菩薩勸發品 終
妙法蓮華經卷第七 終

법화경 약찬게

오직하나 일불승의 실상묘법
연화경을 일심으로 간략하게
게송으로 보장보살 연꽃으로
장엄꾸며진 찬탄하니 세계바다
진흙탕진 화장장엄 다른이름
앉은성중 가사굴산 열반않는
영축산에 늘머물러 시방삼세
석가모니 부처님과 귀의하니
부처님께 지성으로 인연들과
가지가지 가지가지

法華經略纂偈

寶藏菩薩略纂偈　南無華藏世界海
　　　　　　　　十方三世一切佛
常住不滅釋迦尊

一乘妙法蓮華經
王舍城中耆闍窟
種種因緣方便道

恒轉一乘妙法輪　與比丘眾萬二千　漏盡自在阿羅漢
阿若憍陳大迦葉　優樓頻螺及伽耶　那提迦葉舍利弗
大目犍連伽旃延　阿㝹樓馱劫賓那

憍梵波提離婆多　畢陵伽婆縛拘羅　摩訶拘絺羅難陀
孫陀羅與富樓那　須菩提者與阿難　羅睺羅等大比丘
摩訶波闍婆提及　羅睺羅母耶輸陀　比丘尼等二千人

함께하니 모두함해 말만인은 묘수사리 자비보살 갖기있는 말흄주의 안양보살 월광보살 만월보살 모여들고 무량행을 발하니라

합장하야 마음속에 보살이니 관세와 득대세와 심이없는 약왕보살 대력보살 보살보살 흔감가지 일월계와

말치이라 말퇴전의 지혜보살 존세력과 상정진과 보장보살 용시보살 만월보살 모여듣고 무량지 보살이며

得大勢與常精進
月光滿月大力人

文殊師利觀世音
藥王勇施及寶月
跋陀婆羅彌勒尊

摩訶薩衆八萬人
不休息及寶掌士
無量力與越三界

도솔천 제불보살　도사보살　석제환인　보광천자 함께　삼만천자　월천자 자재천자　대자재　시기대범　광명대범　일만이천 천자　여덟용왕　난타용왕　발난타와　사갈라왕　화수길과　덕차가와

미륵보살　보적보살　이름이며　이와같은 그의권속　명월천자　보광천자　보향천자 일만천속　자재천자　대범천왕　삼만이천　일만이천천자이며　사바계주　여덟용왕 있었으니　난타와　사갈라왕　화수길과

寶積導師諸菩薩　釋提桓因月天子　寶香寶光四天王
自在天子大自在　娑婆界主梵天王　尸棄大梵光明梵
難陀龍王跋難陀　娑竭羅王和修吉

부록 우리말 법화경 약찬게

아나바달　마나사왕　우발라로　백천권속
서토서로　법화회상　모여들고　모인지라
대법진녀　락가백천　권속으로　지법진녀
아견달바　삼삼오오　미음왕과　아음왕과
손잡고　그들과　거라수라　바치수라
이름사매　나후수라　함께하며　백천권속
아수라왕

德叉阿那婆達獸　摩那斯龍鉢羅　法緊那羅妙法王
大法緊那持法王　樂乾達婆樂音王　美乾闥婆美音王
婆稚佉羅乾陀王　毘摩質多羅修羅　羅睺阿修羅等

대덕가루　대신가루　대만가루
여의가루　이들사대　가루라왕
배처천손　함께하고　위제희의
아들로서　마갈타국　아사세왕
배처천속　이끌어서　영산회상
모여드네　석가모니　부처님의
무량의경　설하시면　무량의처
삼매중에　결가부좌　정에드니
만다라꽃　대만다라　만수사꽃
대만수사　하늘에서　꽃비오고
여섯가지　진동하고　사부대중

大德迦樓大身王　大滿迦樓如意王　韋提希子阿闍世
各與若干百千人　佛為說經無量義　無量義處三昧中
天雨四花地六震

천룡팔부 사람인듯 아닌사람
처음과 같으니라 온나라의
모든대중 생각하니 천한없던
일인지라 기쁜마음 우러르네
석가모니 부처님이 부처님이
광명놓아 동방으로 미간백호
너른세계 비추시되 일만팔천
아비지옥 보한위로 아래로는
중생들과 부처님과 아가니타
마음삼어 갖가지로 대승보살
수행하고

四衆八部人非人　及諸小王轉輪王　諸大衆得未曾有
歡喜合掌心觀佛　佛放眉間白毫光　光照東方萬八千
下至阿鼻阿上阿迦　衆生諸佛及菩薩　種種修行佛說法

성도하고 설법하고 열반하고
탑세우는 설법하고 모든상을 보았어라
대중들은 모두한 미륵보살
질문하니 의심하며 법왔자가
의심품은 무수하며 대답하되
무량겁에 이런상을 내가과거
모두설함 보았나니 있게되면
말음하사 그단시에 그대들은
부처님이 계셨으며 일월등명
설하시매 취음중간 바른법을
수일하여 사이없고 마지막이 깨끗함

涅槃起塔此悉見　文殊師利爲決疑
我於過去見此瑞　時有日月燈明佛
爲說正法初中後　純一無雜梵行相

大衆疑念彌勒問
即說妙法汝當知

부록 우리말 법화경 안치게

갖추오니 그때라 사제십이
우바라밀 긋기대라 설하시어 아뇩보리
일체중 설하시어 모두얻게
이왕갈을 법하시니 모두얻게
일월등명 이만부처 이름은
모두법사 멘마지막 여덟왕자
앙족존중 되었으니 그때에도
보광보살 모두권 강았어라
체자무니 주명존은 팔백명이
미륵보살 묘광보살 모광이고
경만보살 주명일세 덕장보살
대요설의 보살이며

說應諸緣六度法　令得阿耨菩提智　如是二萬皆同名
最後八子爲法師　是時六端皆如是　妙光菩薩求名尊
文殊彌勒豈異人　德藏堅滿大樂說

지적보살 상행보살 무변행이
보살이며 정행보살 안립행과
고신보살 상불경과 미리내이
별틀왕자 수왕화의
일체중생 희견이는 희고가는
보살이고 묘음보살 생행이는
다함없는 대승보살 장엄왕과
화덕보살 지지보살 보문의
무진의와 광조장엄 보문의
보살이라 약왕존과 약왕존과
약상보살 보현존은 변화하삼

智積上行無邊行 淨行菩薩安立行 常不輕士宿王華
一切衆生喜見人 妙音菩薩上行意 莊嚴王及華德士
無盡意與持地人 光照莊嚴藥王等 藥王菩薩普賢等

그 가운데 시방삼세 다 른 나니 없어서 부처님은 일월등명 연등불로 이지고 대통지승 아촉불과 부처님과 수미정 없는 공덕 사자상불 비로자나 보산상불과 아미타불 세간고 진체주 다보탑 부처님과 남상불과 연화정토

아미타불 관세음보살 항상 함께 시작으로 대통지승 수미정 중생 사자상 공중에 부처님과 보상불과 진체주는

常隨三世十方佛 大通智勝如來佛
阿閦佛及須彌頂 虛空住佛常滅佛
帝相佛與梵相佛 日月燈明燃燈佛
 獅子音佛獅子相
 阿彌陀佛度苦惱

壞怖畏佛 多寶佛
淨華宿王燈
寶威德上王如來
雲自在佛自在王
雲自在燈淨明德
多摩羅佛須彌相
威音王佛日月燈
雲雷音宿王華智

부처님은 모든보살 이와같은 모든부처
모든보살 설법하니 이미설법
지금설법 장차설법 끌없어라
이법의 시방세계
대중들이 보인대중 모인대중
한상대하 서기모니 부처님을
서로돛이 배우고자 주목맞춰
사리말은 법법이고 함께하고
도법이나 짐승이니 팔세용녀
도등하게 내리들이 모두촉생
법화함자 모두들하게 이익언네

如是諸佛諸菩薩　已今當來說妙法　於此法會與十方
常隨釋迦牟尼佛　雲集相從法會中　漸頓身子龍女等
一雨等樹諸樹草

이십팔품 열거하면
비유품과 신해약초
사오품은 오백제자
수학무학 법사품과
열두번째 열세번째
신사십오 분별공덕
수희공덕 스무번째
품일러라

序品方便品譬喩品
信解藥草授記品
化城喩品五百第子
授學無學人記品
法師品與見寶塔
提婆達多品
安樂行從地涌
如來壽量分別功
隨喜功德法師功

상불경품 여래신력
품 촉루품 약왕보살
이는 본사품 묘음보살
품 이는 보문품 다라
니품 묘장엄왕 본사
품 보현보살 권발
품이니 전발이 일곱이요
후발이 이십이라 이것이
법화경의 원만교 법문
일 이라 계송으로 모두
구족하고 수지하고

常佛經品神力品 囑累藥王本事品 妙音觀音普門品
陀羅尼品妙莊嚴 普賢菩薩勸發品 二十八品圓滿敎
是爲一乘妙法門 支品別偈皆具足 讀誦受持信解人

믿고이해 하는사람 말씀에서
출생하고 부처님이 덜어주며
보현보살 다가와서 그들속을
행여주고 마귀들의 괴롭힘이
한결같이 사라지고 세간사에
탐착않고 마음과뜻 올곧으며
올바르고 기억하면 그복덕이
한량없고 잊고있던 주절대던
한량없게 떠오르고 머지않아
새생하게 도량중에 나아가서
편히희사 얻게되고 묘법말할

從佛口生佛衣覆　普賢菩薩來守護　魔鬼諸惱皆消除
不貪世間心意直　有正憶念有福德　忘失句偈令通利
不久當詣道場中　得大菩提轉法輪

부록 우리말 법화경 안치게

울리나니 그러므로 만나느지
영불대접 공경하네 실상묘법
일희 영산회상 불보살님
누순모아 마음모아 지성귀의
하나이다 오직하나 일불승의
실상묘법 연화경을 보장보설
계송으로 이와같이 찬탄하네

마하반야바라밀

是故見者如敬佛　南無妙法蓮華經　靈山會上佛菩薩
一乘妙法蓮華經　寶藏菩薩略纂偈

摩訶般若婆羅蜜

사경회향문

사경제자 _____

사경마침 _____ 년 _____ 월 _____ 일 합장

편저자
無一 우학 큰스님

불기 2544년(서기 2000년), 경주 연대산(蓮台山) 산문(山門)을 열고, 선관쌍수(禪觀雙修)로서 선법(禪法)을 펴고 있습니다.

불보사찰 통도사 출가
성파 대종사를 은사로 득도(得度)
대학, 선방, 강원, 토굴 등 제방에서 면학, 수행
성우 대종사로부터 비니정맥 전수
출가 상좌(스님) 60여명, 마음(유발) 상좌 3천여 명.
무문관 12년 째 정진 중

포교대상 중정상 대상(대한불교조계종)
대원상 대상(재단법인 불교진흥원)
대한민국진불가요 대상

한국불교대학 大관음사 창건
국내외 십여 군데 도량 설립(미국, 중국 등)
무일선원 무문관 장건(스님 및 신도 수행처)

사회복지 법인 無—복지재단 설립

요양원, 노인센터, 지역아동센터, 공동생활가정, 기억학교, 치매주간보호센터

참좋은어린이집, 참좋은유치원 설립

도서출판 좋은인연 설립

학교법인 無—학원 설립(참좋은이서중·고등학교)

사단법인 NGO B.U.D 설립

의료법인 無—의료재단 설립(참좋은 요양병원)

K—붓다 빌리지 (B.U.D 山海세계명상센터) 설립

300여 권의 저술

저자는 맨날 고기 묵고, 새로운 불교공부, 완벽한 참신넘, 참좋은 생각(컴처북스), 하루 한 가지 마음공부법(조화로운삶), 부처되는 공부(틈), 무문관강송, 지혜로운 삶(신심명강설), 아~부처님, 백팔대참회문 법문(전3권), 無門(전2권), 無—우학 禪敎法藏, 無—우학 생활 속의 법화경(전2권), 무일설법대전, 33관세음보살님 가피, 비유다법요집 등

모범연환경 권 제칠

재판1쇄	2024.06.10
편저자	無一 우학 큰스님
펴낸곳	도서출판 좋은인연(한국불교대학 부속출판사)
등록	제4-88호
주소	대구 남구 중앙대로 126
전화	053-475-3707
가격	978-89-93040-61-6 [01] 7,000원 978-89-93040-54-8 (set)

대한불교조계종 한국불교대학 大관음사
홈페이지 / 한국불교대학
다음카페 / 불교인드라망
유튜브 / 유튜브불교대학
비유디 불교TV
영어채널 K-Buddha village
(부처님마을)
중국어채널 K-佛陀(부처님마음)

법보시 받습니다. 보시하신 책은 군법당, 교도
소 등에 무료 배포됩니다.(053-475-3707)

아미탈 편혜장 사장

도서출판
좋은인연